Das Gymnasium

und

die höhere Bürgerschule.

Andeutungen

von

C. G. Scheibert,
Oberlehrer am Gymnasium zu Stettin.

Heft 1.

Wie kann den Gymnasien und höheren Bürgerschulen eine gesicherte Stellung gegeben werden?

Berlin,
gedruckt und verlegt bei G. Reimer.
1836.

Vorrede.

Wird nur nicht das Recht bestritten, auch ungefragt Besserungsvorschläge thun zu dürfen, so sind dann diese Blätter und die Art ihres Auftretens schon gerechtfertigt, denn wer bessern will, muß Mängel erkannt haben und muß sie aufdecken, und der Vorwurf einer Tadelsucht verschwindet damit von selbst. Allerdings hätte Vieles wohl milder ausgedrückt werden können, wenn immer statt: „Es ist" gesagt wäre: „Es möchte wohl sein;" doch solche verbrämten Ueberzeugungen sind oft dünkelhafter, als die nackt hingestellten. Diese letzteren wollen sich nur als persönliche aussprechen, die daher vor allen andern persönlichen Ueberzeugungen dieselbe Achtung hegen, welche sie für sich bei Andern gern in Anspruch nehmen möchten; sie wollen sich nur als Fragen hinstellen, welche ihre Bejahung, oder Verneinung erst von Andern erwarten, während jene mild ausgesprochenen bisweilen doch den Schein haben, als seien sie — wenn sie einmal distinct und entschieden ausgesprochen wären — maaßgebend für jeden Andern. Jede persönliche Ueberzeugung ist auf Widersprüche, auf ein Nein gefaßt, ja findet dieses schon überall vor; hofft aber, ihr Scherflein zur endlichen Lösung der streitigen Punkte beizutragen. Sollten die hier gethanen Vorschläge zu weit greifend erscheinen, so liegt der Grund davon darin, daß man Uebel zu sehen meinte, welche nicht mehr durch eine Uebertünchung ausgebessert werden können. Doch möge hier für den unkundigen Leser zur Beruhigung gesagt sein, daß diese Vorschläge nicht durchweg ganz neue und unerhörte sind; der kundige weiß dies ohnehin. Die Gewährsmänner solcher Vorschläge aber hier zu nennen, würde dem, der sich sonst ums Schulwesen nicht kümmerte, nichts nützen, und dem, der es gethan, sind die Citate überflüssig. Ohnehin sind hier Auctoritäten gar nicht beweisend, denn die hier verhandelten Dinge verlangen nicht einen hohen Standpunkt, sondern ein offnes Auge, welches Erfahrungen zu machen befähigt ist, und ein Herz, welches die gemachten Erfahrungen nicht gleichgültig ad acta legt. Ob hier scharf genug gesehen, das sollen eben Andere beantworten, aber daß warm empfunden sei, das darf versichert werden. Doch wird man dies wohl ohnehin dem Büchelchen anmerken und ihm sagen, es sei in seinem Eifer zu weit gegangen.

Schließlich nur noch die Bitte, man möge für manches Hingeworfene erst ein folgendes Heftchen abwarten, in welchem Vorschläge gemacht werden sollen, wie die erziehende Seite der Schulen wieder zu beleben sein möchte. Zwar hätten beide zu einem Ganzen verarbeitet werden können; aber dicke pädagogische Bücher zu lesen, dazu hat, wie es scheint, Niemand Lust und Zeit. Nach Krankheiten müssen erst kleine Portionen gereicht werden, und die ersten Speisen müssen mehr erregend als sättigend sein. Ueberzeugt nun von der Krankheit und befangen in dieser Ansicht, ist hier geschrieben worden, und der höchste Zweck des Buches ist erreicht, wenn es in den Freunden des Schulwesens, der Jugend und der Menschheit den Eindruck zurückläßt, welchen jede auch verunglückte That zu machen pflegt, welche aus reiner Liebe zur Sache hervorging und jedes persönliche Interesse dabei hintansetzte.

Das zweite Heft erscheint binnen kurzer Zeit.

Einleitung.

Den höhern Bürgerschulen sind schon so viele Empfehlungsbriefe geschrieben, ihre Nothwendigkeit fürs bürgerliche Leben, ihre Bedeutung fürs Volk, ihre Aufgabe und Richtung ist so mannigfaltig besprochen, der Eifer dafür ist durch die Hoffnungen von deren erfolgreicher Wirksamkeit so sehr angefacht, daß jedes Wort in dieser Beziehung überflüssig ist. Nur eine ganz eigenthümliche und fast durchgreifende Erscheinung verdient doch genauere Erwägung, das ist nämlich die Art und Weise, wie diese Schulen gewöhnlich in den einzelnen Städten von den Bürgern und ihren Wortführern in Anregung gebracht werden. Fast überall in Wort und Schrift giebt sich ein Kampf gegen die Gymnasien kund, und wird bei denselben fast immer ein Widerstreben vorausgesetzt. Man behandelt sie gleichsam als die natürlichen Gegner der jungen Schwester, macht ihnen den Prozeß und sucht durch Herabsetzung jener die Nothwendigkeit dieser darzuthun. Die Gymnasien haben sich natürlich vertheidigen müssen, denn sich durch eine Anklage das Recht der Erstgeburt ohne Widerspruch nehmen lassen, das hieße doch, sich selber für einen Usurpator bekennen, ja sein ganzes Thun für eine große Lüge erklären. Dies hat denn einen Kampf herbeigeführt, der sie noch mehr verdächtigt und ihnen den Vorwurf des Stillstandes zugezogen hat. Man nennt sie die Aristokraten des Idealismus und ihre Ansichten die unbeweglichen Ueberbleibsel einer verrosteten Zeit, bedenkt aber dabei gar nicht, daß man sie nur zu einer Selbstvertheidigung gezwungen hat, welche denn auch ohne Schwertstreiche nicht abgehen kann. Wie können denn nur die Gymnasien als die natürlichen Gegner von Bildungsschulen angesehen werden, sie, die ihre geistige Nahrung aus dem Borne des Volkes schöpfen, die die Intelligenz der Nation als den letzten Zielpunkt ihrer Bestrebungen ansehen, die in der erweiterten Bildung ihre eigne Förderung erkennen? Sie werden freudig die Schwester begrüßen, wenn diese nur erst ihre Ebenbürtigkeit nachweist und mit schwesterlicher Liebe die schwesterlichen Pflichten übernimmt; denn beide werden sich dann wie die Kinder einer Familie gegenseitig erregen und fördern. Darum sollen hier nicht aufs Neue die Acten des Prozesses hervorgeholt, es soll der lange geführte Streit nicht durch frisch geschliffene Waffen erneuert, sondern es soll untersucht werden:

ob die Gymnasien einen Wunsch in Betreff der höhern Bürgerschule haben,

um daraus zu erkennen,

in wie fern sie sich hie und da als Gegner derselben haben kund geben müssen,

um so schließlich geeignete Vorschläge machen zu können, wie vielleicht beiden Anstalten eine gesicherte Stellung gegeben werden könnte.

Als Standpunkt zur Untersuchung kann hiebei nur das innerste Leben der Gymnasien selbst gewählt werden, um das Verhältniß recht aus der Nähe zu beschauen. Zwar wird der Beobachter nur einen kleinen Horizont haben; seine Beobachtungen und Bemerkungen werden sich nur auf Einzelnes und Gesondertes beziehen und den Schein der Kleinlichkeit an sich tragen; Kurzsichtigkeit, Mangel an höhern, umfassendern Ideenkreisen wird sichtbar werden; jedoch wird auch dafür jenes Einzelne und Enge um so genauer durchforscht, um so schärfer beobachtet, und somit das Verschwimmen der Gegenstände in dem blauen Dunste der Atmosphäre vermieden werden können. Um von einem hohen Standpunkte mehr als allgemeine Umrisse beobachten und mehr als allgemeine Eindrücke wiedergeben zu können, dazu wird ein weitsichtiges Auge erfordert, welches doch nun einmal nicht jedem gegeben ist. Wie ohnehin bei solcher Höhe und Ferne der Beobachtung Schatten und Licht ihre Gegensätze verlieren, das ist ja auch bekannt genug. —

Erster Abschnitt.

Die Wünsche der Gymnasien in Betreff der höhern Bürgerschule.

Nach dem jetzigen Stande der Schuleinrichtungen haben die Gymnasien eine doppelte Aufgabe:

vorzubereiten für die akademischen Studien, und die allgemeine Ausbildung des höhern Bürger- und Gewerbestandes zu vollenden.

Sie können nun beide Aufgaben nicht lösen, weil die Kräfte der Kinder nicht für beide ausreichen, und darum müssen sie wünschen, daß ihnen diese letztere Aufgabe wieder abgenommen und sie ihrer ursprünglichen Richtung und Bestimmung wieder zugewiesen werden möchten. Allerdings kann man in einem Tage und in einer Stunde viel vortragen, viel aufgeben, auch vielerlei dem Gedächtnisse einprägen; aber Eigenthum des Lernenden ist es darum noch nicht geworden. Es bedarf die Seele nicht minder wie der Körper für jede geistige Nahrung eine Verdauungszeit, wenn das Eingenommene wirklich auch zur Nahrung werden soll, und diese Zeit kann den Schülern gar nicht gegeben werden aus Mangel an Zeit, welche durch das Einnehmen ganz und gar in Anspruch genommen wird. Wie viel man hier auch auf Rechnung der verbesserten Methodik setzen, wie viel auf die der elementaren Bearbeitung der Wissenschaften, wie viel man der Tüchtigkeit der jetzigen Lehrer zumuthen mag, die geistige Kraft der Kinder ist dadurch nicht ersetzt. Dieser keinesweges neue Gedanke ist oft in den Klagen über die Ueberladung der Gymnasien ausgesprochen; man sieht in vielen Lehrer-Collegien, denen es doch auch um das Heil ihrer Jugend ein Ernst ist, die Beschränkung der so genannten Realien, die genauere und eingeengtere Grenzbestimmung der Mathematik als einen Fortschritt zum Bessern an; die Directoren-Conferenz der Provinz Sachsen hat unumwunden die Anklage gegen die Mathematik und ihre Lehrer erhoben. Unmöglich kann man doch dies in einem ganz grundlosen Hasse der philologischen Lehrer gegen diese, von ihnen bisweilen gar nicht gekannten, Wissenschaften suchen; noch weniger kann diese Erscheinung hervorgehen aus einer Einseitigkeit, welche ein umfangreiches Wissen, wie es die heutige Welt bedingt, verschmäht und abweist; unmöglich kann dieses Widerstreben gegen die Realien, wie es sich in den Gymnasien kund giebt, darin seinen Grund haben, daß man keiner andern Wissenschaft als der Sprachlehre eine bildende Kraft zugesteht: der wahre und alleinige Grund kann nur die mehr oder minder deutlich erkannte Ueberladung der Schüler sein. Aber vor Allem höre man nur die Eltern. Vom Morgen bis zum Abend ist das Kind beschäftigt, und doch klagt die Schule noch immer über Mangel an häuslichem Fleiß; Lehrmeister und Gehülfen werden angenommen, und doch ist der Klassenlehrer nicht befriedigt; ein Stockmeister wird gleichsam gehalten, der den unwilligen Knaben an den Tisch fesselt und seine Thätigkeit erregt; Mutter und Schwester lernen lateinische und griechische Conjugationen und Declinationen mit, um den abgespannten Knaben nur durch diese Mitarbeit aufzurichten; Familienfeste unterbleiben, damit der Knabe nur nicht gestört werde; Besuche werden abgewiesen und abgebrochen, häusliche Freuden beschränkt, um ihm nichts in den Weg zu legen, oder den ohnehin genug gequälten Knaben nicht durch Versagen unschuldiger, aber zerstreuender Genüsse noch mehr zu entmuthigen; das ganze Haus ist in Fesseln gelegt, wenn den Eltern am Fortkommen des Kindes in den Klassen des Gymnasiums etwas gelegen ist; ja es ist alles Ernstes so schlimm, daß man sagen könnte, es werde ein Seufzer durch das ganze Haus gehört, wenn ein zweiter Sohn der Familie das Gymnasium betritt, und die beengte Brust schöpfe erst dann freien Athem, wenn derselbe zu höhern Klassen hinaufgerückt ist, um leider bald noch größere Aengsten vorzubereiten und zu erregen. Dies ist kein natürlicher Zustand. Zwar soll die Schule nicht dazu da sein, den Eltern das Erziehungsgeschäft abzunehmen und sie ihrer Pflichten bis auf die des Bezahlens zu überheben; aber noch weniger soll sie den Eltern eine Plage werden mit ihren unmäßigen Forderungen. Wohl kann Jeder hier der allerhand Einwendungen gewiß sein und kann Eltern anführen und namentlich nennen, welche hierüber ganz anders denken; aber, ohne Jemanden verdächtigen zu wollen, kann und darf nicht unbemerkt bleiben, daß viele Eltern mit ihren Kindern glänzen wollen, und dieser Glanzsucht zu Liebe Alles gut heißen, was zur Befriedigung derselben dient, die sogar die Gesundheit, inneres urd äußeres Wohl des Kindes für nichts erachten gegen den Gedanken an einen so kenntnißreichen und, wie sie daraus folgern, so talentvollen Sohn; es giebt noch immer Menschen genug, welche den Spruch: Christum lieb haben ist besser denn alles Wissen, geradezu umkehren. Doch der Beleg zu dieser Ansicht der meisten Eltern ist hinlänglich ausgesprochen durch das Dasein von Privatschulen, welche den Kindern über die untern Klassen der Gymnasien hinweghelfen. So theuer diese Schulen auch den Eltern zu stehen kommen, sie sind in manchen Städten ganz stereotype Größen, welche das Fett der Stadt und, im edlern Sinne genommen, auch das Fett der Gymnasien verschlingen. In ihnen findet man die Kinder der angesehensten Eltern, und selbst Gymnasiallehrer ziehen für ihre Kinder diese Schulen vor. Mag hiebei viel Vorurtheil und Mode im Spiele sein, die erheblichste Ursache ist die Ueberladung der Schüler in den Gymnasien. Gern wird eingeräumt, daß dieser Zustand nicht überall sei, und daß es Gymnasien genug giebt, über welche die Eltern nicht eine solche Klage führen, die durch ihren Druck keine Privatschulen hervorrufen; doch darf der leise Zweifel gegen diese Art der Widerlegung nicht verschwiegen werden, da es doch denkbar bleibt, daß diese die zweite Aufgabe nicht eben so sehr genau nehmen möchten. Auch ist zuzugeben, daß gewisse günstige Umstände das an einigen Orten Unmögliche wirklich möglich machen; doch diese Gunst ist nun einmal nicht aller Orten vorhanden. Die so vielfach erbetenen und oft bewilligten Dispensationen vom Griechischen sind ein anderer fast aktenmäßiger Belag dazu, daß die Erleichterung der Knaben etwas Wünschenswerthes sei. Es ist mindestens nicht recht ein anderer triftiger Grund für diese Dispensation vorhanden, denn mehr, als gelehrt wird, kann ein Quartaner in den strengern Wissenschaften nicht lernen, und besser, als es gefordert wird, pflegt er es auch nicht zu lernen. Sobald aber nur die Eltern über den künftigen Stand ihres Sohnes entschieden sind, alsbald schreiten sie zur Dispensation vom Griechischen. Will man nun diese dadurch vertheidigen, daß man meint, es habe der Knabe viele gar nicht im Gymnasium gelehrte, oder nur mangelhaft vorgetragene Gegenstände zu erlernen, und solle ihm hiedurch Zeit zu diesem Privatunterricht gegeben werden, so würde das nur so viel heißen, daß die Gymnasien als solche nicht fähig sind, die zweite Aufgabe vollkommen zu lösen. Doch man suche nicht außerhalb die Gründe für die obige Behauptung, sie liegen nahe genug in dem innersten Dasein der Gymnasien. Die Kinder, deren Alter und Vorbildung recht eigentlich für die unterste Klasse ausreicht, die können in den allerseltensten Fällen und oft nur mit Gefahr ihrer Gesundheit und immer nur mit Verlust ihres kindlichen Frohsinns die ganze Aufgabe der Sexta gewältigen. In den meisten Fällen ergeben sich vernünftige Eltern nach sechs Wochen des Schulbesuchs in die Nothwendigkeit, nur für einen Gegenstand die Kraft des Kindes in Anspruch zu nehmen und im Voraus sich auf die im Zeugnisse getadelte Versäumniß in den übrigen Lehrgegenständen gefaßt zu machen. Vernünftige Lehrer müssen wohl gar selber den rathlosen Eltern diesen Rath ertheilen. Wie selten überhaupt Jemand, und wie noch seltner jene gedachten Kinder troß aller Bei- und Nachhülfe sich zur Versetzung in eine höhere Klasse befähigt haben, wenn sie auch die für das Pensum bestimmte Zeit in der Klasse gesessen und allen möglichen Fleiß angewandt haben, das ist eine so sehr ausgemachte Erfahrung, daß es als ein ganz besonderer Vorfall zu Lob und Ruhm für den Knaben im Gedächtniß der Lehrer aufbewahrt wird, wenn Jemand nicht länger in der Klasse verweilt, als das Pensum dauert. Rechnet man von den hieher gehörigen Beispielen alle die Schüler ab, welche mit dreizehn oder vierzehn Jahren in die Sexta eintreten, mit ihrer ganzen Entwicklung über diese Klasse hinweg sind und nur noch einige positive Kenntnisse zu erwerben haben; zählt man diejenigen nicht mit, deren Vorkenntnisse bis auf die im Lateinischen vielleicht schon die Quinta überragen, und darf man nicht diejenigen in Anschlag bringen, denen die Natur ganz besondere geistige Kräfte verliehen hat, so kann jene Erfahrung als eine allgemeine und somit als die beweisende dafür angesehen werden, daß die Gymnasien nicht die doppelte Aufgabe durchführen können, und der Grund kann davon nicht in der Untüchtigkeit der Lehrer gesucht werden — denn gerade da, wo die Anzahl der eifrigen und tüchtigen und gewissenhaften Lehrer am größten ist, da ist diese Erfahrung am häufigsten und am ausgeprägtesten, — sondern sie kann nur in dem Unvermögen der kindlichen Kräfte gefunden werden. Diese Erfahrung wird aber nicht blos in der Sexta, sondern in allen denjenigen untern Klassen des Gymnasiums gemacht, in denen man noch vornehmlich es mit der zweiten Aufgabe, auch den Bürger auszubilden, zu thun hat.

Die Gymnasien haben diese Doppelaufgabe auch nie gelöst, oder es ist ihnen nur in seltenen Fällen bei wenigen Schülern gelungen. Die in der Sexta und Quinta von Stunde zu Stunde so brockenweise neben vielen andern dem Schüler wichtigern Dingen erlernte Geographie und Naturgeschichte ist in Quarta und noch mehr in Tertia vergessen; rechnen können die meisten Gymnasiasten in der Regel nicht, und die es noch können, haben es nicht im Gymnasium gelernt; die neuern Sprachen sind fast überall bloße Beigänger, den Directoren zur Last und den Schülern oft ein bloßes Spielwerk; die deutsche Sprache haben kaum die Tertianer grammatisch inne, und kommen in dieser Klasse nicht selten arge Dinge selbst noch in der Orthographie vor; von der deutschen Literatur kommt Weniges in der Secunda und Prima vor, und obwohl Alles gelehrt wird, und obwohl man von Klasse zu Klasse den Nachweis führen kann, daß dies Alles im Vortrage dagewesen und vollkommen abgemacht sei, so ist das entschiedene Nichtwissen dieser Schüler ein Beweis, daß die Schüler es nicht haben lernen können, und daß die andern Unterrichtsgegenstände, in denen sie mehr wissen, ihre Zeit und Kraft in Anspruch genommen haben. Es hilft hierin kein Wollen, kein Befehlen, kein Versprechen, die Sache ist genau genommen unmöglich. Sollte nicht die geringe Anzahl der mit unbedingter Reife zur Universität entlassenen Schüler dies unwiderleglich darthun? Oft wurde beim Ertheilen der No. 1. wohl noch eine Lücke übersehen, oder nach Möglichkeit verdeckt, um doch nicht diesem oder jenem fleißigen Schüler die Freude zu verderben, oder auch wohl gar, um doch dergleichen Glanzresultate in den Schulnachrichten aufweisen zu können. Die Nummern sind zum Heile der Gymnasien abgeschafft, die Sache ist aber im Wesentlichen durchaus noch dieselbe. Das Reif zur Universität wird bei mancherlei Mängeln und Lücken ertheilt, um nicht den Schülern Schimpf, den Eltern Gram und der Anstalt allerhand Makel zu bereiten. Dieselben menschlichen und wohlwollenden Rücksichten, wie hier am Ende der Schullaufbahn, die haben eine natürliche Geltung auf dem ganzen Wege. Ein Knabe ist fleißig, wird zur Versetzung in mehren Gegenständen reif, er konnte nicht Alles zugleich gewältigen. Soll er zurückbleiben? Er ist schon so alt und doch so wacker, und er wird versetzt.

Ein andrer ist träge, hat endlich so beinahe in den Hauptgegenständen das Pensum erreicht, die Lehrer sind des ewigen Tadelns, Schiebens und Treibens müde, und er wird versetzt; ein andrer will nur die nächst höhere Klasse erreichen, der Vater ist arm und wünscht seinen Sohn bald aus dem Brote und auf dem Wege zu seiner Bestimmung zu haben, es ist beinahe eine Reife da, und er wird versetzt. So nehmen die Lücken von Klasse zu Klasse zu, und mit jeder Bildungsstufe wird die einseitige Ausbildung der Schüler größer, und je exacter die Wissenschaften, desto weniger vertragen sie ein lückenhaftes Wissen, desto schwieriger sind sie, desto öfter lassen in ihnen die Schüler nach, desto öfter wird mit Rücksichten versetzt, desto größer ist die Unmöglichkeit, ein Versäumtes nachzuholen. Der Wunsch des Directors, der Eltern, der Kinder, der Kollegen, Alles wirkt mit, um vom gesetzmäßigen Pensum etwas zu vergeben, und so stellen sich von selbst jene lückenhaften Resultate dar. Auch das Volk hat sich davon überzeugt, daß die Gymnasien diese Doppelaufgabe nicht lösen. Die vielen Privatstunden in den Lehrgegenständen des Gymnasiums, die laute Forderung nach höhern Bürgerschulen sind redende Beweise dieser Ueberzeugung. Die Register in den Schulprogrammen helfen nicht mehr aus, denn das Leben, in welches die Schüler künftig eintreten, ist ein viel schärferer Prüfstein ihrer Kentnisse, als alle öffentlichen Examina. Die Leute schweigen, wenn man ihnen das Gelehrte und Gelernte aufzählt, aber die Ueberzeugung, daß ihre Lehrlinge dies nicht wissen, kann ihnen hiedurch nicht genommen werden. So bleibt denn das Volk auch bei seiner Forderung und ist für deren Verwirklichung zu großen Opfern bereit.

Ohnehin hat es noch den Schein, als wenn die Gymnasien in mancher Beziehung gar nicht einmal so eingerichtet wären, um die Aufgabe der höhern Bürgerschule, wie sie gesetzmäßig heute feststeht, lösen zu können. Es ist hier nicht die Rede von den ganz nichts sagenden Wünschen einzelner Gewerbe und Stände, welche immer nur Spezialschulen im Sinne haben, nicht auch von den Gegnern des altklassischen Alterthums, die das ganze Geschlecht aus seiner Fuge, aus seinem historischen Zusammenhange reißen wollen, und die das Nützlichkeitsprinzip — diese Schmach unserer Zeit — als Fahne aufstecken, um recht viele Genossen zu finden; sondern von derjenigen höhern Bürgerschule ist die Rede, welche nicht minder eine allgemeine geistige Ausbildung wie das Gymnasium erzielt, nur in einem niederern Umfange und auf einem andern, dem Leben näher liegenden Wege. Das Gymnasium ist und muß so angelegt sein, daß alle Unterrichtsgegenstände erst ihre Vollendung in der Prima finden. So lange aber kann der in einen praktischen Lebensberuf übergehende Schüler nicht verweilen und so viel Zeit und Kraft auf seine allgemeine Ausbildung verwenden, er wird zu alt und für die kleinen geistlosen Beschäftigungen des Berufs unbrauchbar. Ein solcher muß daher aus der Tertia, spätestens aus der Secunda — was jedoch nur in seltenen Fällen vorkommt — abgehen. Gesetzt, dieser wüßte nun Alles, was im Gymnasium bis Tertia hin gelehrt ist, so würde er dennoch nicht für seinen Lebensberuf weder die allgemeine, noch die besondere Ausbildung gewonnen haben, welche er nach dem Zuschnitte der Bürgerschule in dieser erhalten haben müßte. Im Griechischen ist wenig mehr als die Formenlehre gewonnen; im Lateinischen hat die Lectüre der Klassiker noch nicht weit gereicht, denn die meiste Zeit hat das Einüben der Grammatik und das Exerzitienmachen weggenommen; in der Physik hat der Unterricht noch gar nicht begonnen, und die Mathematik hat kaum die ersten Elemente abschließen können, von wo aus man nun erst anfangen kann, die Höhe zu ersteigen in ihr, von welcher aus sie fruchtbar fürs Leben wird; ja manche für den sichern Unterricht in der Physik ganz unentbehrliche Zweige der Mathematik werden auf den Gymnasien gar nicht gelehrt. So hat es denn wirklich den Schein, als wenn hier die doppelte Aufgabe in ihrem ganzen Umfange auch gar nicht gelöst werden sollte. Auch ist wirklich nicht recht denkbar, wie eine in sich abgerundete und abgeschlossene Bildung mit der Tertia nach den meisten Schulplänen möglich sei. Für jeden Unterrichtszweig sind fast nur die Elemente zu weiterer Fortschreitung gewonnen, jeder derselben setzt in seiner ganzen Anlage noch eine Fortsetzung in der Secunda und Prima voraus. —

Man frage nicht, warum denn erweislich die Gymnasien die eine Aufgabe — für die Universität vorzubereiten — bis jetzt noch zur Zufriedenheit gelöst haben, um gleichsam aus dem Zugeständniß einen widerlegenden Schluß für obige Behauptungen zu ziehen. Schon in dem Obigen liegen zum Theil die Gründe, warum sie die eine Aufgabe fester hielten, als die andere, indessen kommen noch andere Ursachen hinzu. Nicht die vom Volke geglaubte Untüchtigkeit der Gymnasiallehrer für diese realen Wissenschaften, nicht die ihnen vorgeworfene Pedanterie und Verstocktheit, welche, erblindet im Schulstaube, die Bedürfnisse des Lebens nicht sehen und für sie somit kein Interesse gewinnen kann, nicht die Unwissenheit in diesen Dingen und das aus derselben hervorgehende Widerstreben gegen dieselben ist die Ursache dieser Erscheinung, sondern die Geschichte der Gymnasien, ihre ursprüngliche Bestimmung und das hinlänglich gerechtfertigte Bewußtsein, daß wissenschaftliche Befähigung der Schüler die Hauptaufgabe sein und bleiben müsse. Doch Manches wirkt hier auch die Menschlichkeit der Lehrer. Da oben am Zielpunkte des Gymnasiums steht eine beaufsichtigende Behörde, welche den Stand der Schule nach dem Ausfalle der Abiturienten-Prüfungen abwägt und Lob und Tadel über das Endresultat ausspricht. In das Innere der Anstalt, in das Treiben der mittlern Klassen, die doch vornehmlich die Bürgerbildung vollenden sollen, kann die Behörde nicht hineindringen. Der Lehrherr mag immerhin seinen Unwillen über die Nichtbildung seines aus hohen Klassen der Schule gewählten Lehrlings öffentlich und im Geheimen aussprechen, die Divisionsschulen mögen Tertianer und Secundaner durch Fähnrichs-, und die Baumeister sie durch Conducteur-Examina durchfallen lassen;

mag es noch erst vieler Privatstunden bedürfen für einen Secundaner, um bei der Post oder sonst wo seine Vorbereitung nachweisen zu können: dies sind alles für die Gymnasien keine Behörden. Solche Erscheinungen sollen und dürfen sie nicht von ihrem Hauptziele entfernen, oder auch nur in der Verfolgung desselben hemmen, denn nur die Reife der Abiturienten ist die einzuerntende Frucht, diese ist Hauptaufgabe. Aber es ist auch selbst in dieser Beziehung gewiß nicht eine ungerechte Klage und nicht selten schon erhoben, daß mindestens im Lateinischen und Griechischen nicht mehr die ausgedehnten Kenntnisse gewonnen werden, wie früher wohl, ein Beweis, daß die aufgelegte Doppelaufgabe nicht ohne Einwirkung auf das Endresultat geblieben ist. —

Die Folgen hievon sind nicht ausgeblieben, und diese werden eben die Wünsche der Gymnasien bestimmen. Bei dem steten Anhäufen von Materialien, bei der Mannigfaltigkeit der Gegenstände für einen Tag und für eine Woche, bei dem steten Pfropfen und Stopfen der Schüler wird allerdings die Seele befähigt, rasch aufzufassen, aber eben so sehr auch, das Erworbene so rasch wie möglich von sich zu werfen, um gleichsam für das Neue, was seiner in der folgenden Stunde und folgenden Tages erwartet, Raum in seiner Seele zu gewinnen. Statt die geistige Kraft zu üben, wird dieselbe geschwächt, gewinnt eine gewisse Spannkraft und Elastizität, aber keine dauernde Haltung und keine bestimmte Richtung; der Knabe lernt etwas rasch, aber vergißt es noch schneller, ergreift Vieles mit lebendigem Eifer, aber wendet sich bald kühl und erschlafft davon ab. Das ist die Frucht der geistigen Zerstreuung, die den Kindern eigentlich systematisch eingeimpft wird. Daraus erklärt sich, warum so bald vergessen ist, was die Schule wirklich gelehrt hat, und was die Knaben schon wirklich gewußt haben. Wie das Leben der heutigen Welt so gestaltet ist, daß das Interesse von heute das Vergestrige verdrängt, daß die Gegenwart immer die Vergangenheit verschlingt, so ist es in den Gymnasien auch. Nur für heute lernt der Knabe, weil eben das Heute seine ganze Kraft in Anspruch nimmt, die gestrige Aufgabe ist morgen vergessen. Mögen daher die Gymnasien von Klasse zu Klasse es nachweisen und bei jeder Versetzung es darthun, daß sie alle Pensen den Schülern wirklich einmal beigebracht haben, ihre Schüler haben nichts davon, und die Arbeit der Lehrer gleicht wirklich der der Danaiden. Nach vier Wochen klagt schon der Lehrer der folgenden Klasse über Mangel an Vorbereitung in der vorhergehenden, und er hat in so fern vollkommen Recht, als die Schüler nun das Gewußte nicht mehr wissen. Hiemit verbindet sich zugleich noch ein anderer Uebelstand, der oft übersehen zu werden scheint. Mit Rücksicht auf die Zeit und Kraft der Schüler werden die Fäden der einzelnen Wissenschaften so dünn gesponnen, daß sie dem Auge des Lernenden gar nicht mehr sichtbar bleiben. Das in einer Stunde Erlernte ist zur folgenden vergessen, und das innerlich Zusammenhangende erscheint dem Schüler wie lauter Fetzen.

Er irrt in einem großen Labyrinthe und sucht den feinen Faden umsonst. Wie die Reisenden in Museen und Kunstkabinetten ermüden, sich im Anschauen aller der Einzelheiten verwirren und statt des gehofften Genusses und der versprochenen Erhebung nur Ueberdruß und Ekel mit nach Hause bringen, so geht es dem Knaben auch. Man jagt ihn von einem Dinge zum andern, bürdet ihm von jedem Baume einen Sack voll Blätter auf, aber den Stamm selbst, die Aeste sieht er nicht. Und doch ist erfahrungsmäßig nur da Interesse, wo der Schüler einen Zusammenhang des Einzelnen im Ganzen überschaut, wo er einen Totaleindruck des angeeigneten Stoffes gewinnt, wo er eine Herrschaft über das gewonnene Material, und sei es auch nur eine combinatorische, erhält. Daher schreiten die Schüler wirklich am besten noch und am freudigsten in den alten Sprachen fort, weil sie in diesen am schnellsten vorwärts geführt werden, und daraus erklärt sich die Noth aller derjenigen Lehrer, die für ihren Gegenstand nur wenige Lehrstunden haben. So verlieren denn nothwendig die Schüler nach und nach alle Lust am Lernen, jeder Trieb zur freien Selbstthätigkeit wird durch dies immerwährende Treiben und Drängen erstickt, Ekel an jedem Wissen ist die Folge, scheues Ausweichen und furchtsames Benehmen vor dem immer tadelnden und strafenden Lehrer, Lug und Trug vor dem nie befriedigten, das sind die Früchte, die in der Ueberladung der Schüler, wenn auch nicht ihre Wurzel, so doch reiche Nahrung haben. So ist denn wirklich die Behauptung wahr, daß sich unsre Schüler keinesweges überarbeiten, denn ihnen ist der Arbeitstrieb genommen, es ist nur zu wahr, daß unsre Schüler gewiß nicht über Ueberlast an Wissen klagen dürfen; aber dagegen ist auch eben so sehr wahr, daß oft in denjenigen Schulen, wo an die Schüler aus leicht begreiflichen zufälligen Ursachen nur geringe Anforderungen gemacht werden, daß da, wo eben am wenigsten verlangt wird, am meisten freier Arbeitstrieb und Lernlust herrscht, und somit auch am meisten wahre Fortschritte gemacht werden. Wie paradox es auch klingen möge, sieht man von zufälligen Umständen ab, so möchte man sagen, die tüchtigste Schule habe die untüchtigsten Schüler, denn, wenn durch Ueberladung die Kraft erlahmt ist, so helfen alle künstlichen Mittel ihr nicht mehr auf.

Die Privatschulen, gleichsam die Zufluchtsörter vor dem Gymnasium, sind ein anderes Uebel. Nicht darum, weil sie Schüler und Schulgeld dem Gymnasium entziehen, sondern weil sie die Kinder nehmen, welche recht eigentlich den Kern der untern Klassen ausmachen sollten. Denn in den Privatschulen sammeln sich die Kinder der gebildetsten Eltern, danach auch durchschnittlich die anständigsten, gesittetsten und diejenigen, auf deren Ausbildung die meiste häusliche Sorgfalt verwandt wird. So bleiben denn in den Gymnasien fast nur 11 und 12jährige Knaben zurück und fast nur aus den ärmern Klassen der Bürger, deren Alter und genossene Erziehung eine strengere Schulzucht nothwendig macht, und deren Entwicklung die nach und nach immer mehr gesteigerten Anforderungen der Lehrer hervorgerufen und zum Theil wirklich möglich gemacht hat. Unter solchen Verhältnissen fürchten die Eltern den Untergang von acht- und neunjährigen Kindern, scheuen gewiß mit übertriebener Besorgniß den Umgang mit den erwachsenen und minder fein erzogenen Knaben, und so wird die Privatschule auch wirklich nach und nach immer nothwendiger, und die ursprüngliche nur geträumte Nothwendigkeit wird, wenn es so fortgeht, eine wahre. Daran reihen sich aber wieder neue Uebelstände. Sucht man in jenen Schulen den billigen Wunsch der Eltern zu befriedigen, daß man nämlich nicht die Kinder mit Arbeiten überladet, so kann das nur auf Kosten dieses oder jenes im Gymnasium gründlich gelehrten Gegenstandes geschehen; denn die Gymnasiallehrer würden doch nicht muthwillig und ohne allen Zweck ihren Schülern unnütze und schädliche Lasten aufbürden, wenn sie ohne dieselben ihr Ziel erreichen könnten. So werden denn jene Privatschüler lückenhaft und nur in den Hauptgegenständen des Gymnasiums vorbereitet. Sie kehren nach einiger Zeit nun im Gymnasium ein und müssen um der Hauptgegenstände willen in die mittlern, ja höhern Klassen aufgenommen werden, und so werden sie mit ihrem lückenhaften Wissen in den so genannten Realien eine Schleppe, welche alle Schritte hemmt und die Lösung der Aufgabe fürs Gymnasium im Allgemeinen erschwert und bei diesen einzelnen Knaben ganz unmöglich macht. Doch damit ist es noch nicht aus; diese Schüler dienen auch dazu, das Gymnasium zu verdächtigen und in den Augen der Gebildeten in Mißkredit zu bringen. Man höre nur folgende Demonstrationen. Mein Kind ist in der Privatschule bei weitem nicht so mit Arbeiten gequält gewesen, es hatte Lust zum Lernen, Freude am Wissen, es hat viele seiner Altersgenossen, welche den Weg durchs Gymnasium wählten, um eine Klasse überholt und hatte stets die Zufriedenheit seiner Lehrer; seit es im Gymnasium ist, kommt es nicht mehr vorwärts, überhäufte Arbeiten erdrücken es, Tadel überall hat den frischen Trieb abgestreift, Stillstand statt Fortschritt, Ekel statt Freudigkeit ist überall eingetreten. Kann ein solches so auf Erfahrung gestütztes Urtheil den Gymnasien gleichgültig sein? Auch dann noch gleichgültig, wenn der Vater nach Stand und Einsicht als urtheilsfähig gilt? Selbst dann, wenn ein solches Urtheil nie vor dem Kinde ausgesprochen wurde, wirkt es doch zurück auf das Gemüth des Kindes, denn die Art, wie der Vater den Tadel der Schule behandelt, wie er den Knaben zum Fleiße anhält, wie viel Gewicht er auf den Ausspruch der Lehrer legt, dies wirkt nachtheilig auf das Kind, welches das verhaltene Urtheil des Vaters mit feinem Sinne empfindet und auch wohl erkennt. So wird der Einfluß der Schule geschwächt, der Glaube an sie und die vertrauensvolle Hingebung hat einen Stoß erhalten, der das innerste Leben, die Erziehung der Schule erschüttert.

Eine andere, eben dahin wirkende Folge jener Doppelaufgabe ist, daß diejenigen Eltern, deren Kinder studiren sollen, die Realien durchaus als viel zu sehr hervortretend ansehen, während diejenigen, deren Kinder einem praktischen Lebensberufe bestimmt sind, die alten Sprachen als einen unnützen Plunder ansehen. Was braucht ein Theologe, ein Jurist die Mathematik und die Naturwissenschaften, wenn er nur der Sprachen zum Lesen seiner Quellen mächtig wird? so hört man; und wenn es auch Niemand ausgesprochen, die Lehrer dieser Gegenstände fühlen den Wiederklang dieses Urtheils in jeder Stunde. Anders redet der Kaufmann, der Apotheker, der Baumeister; dem einen lernen die Knaben nicht genug Rechnen und Französisch, dem andern nicht genug Mathematik. Was hilft dem Soldaten sein Griechisch und Latein? Was soll der künftige Post- und Steuer- und Forstbeamte mit der lateinischen und griechischen Weisheit? So ist Alles mit den Gymnasien und ihren Forderungen unzufrieden; dem Einen sind sie verrostete Institute und Marterkammern für ihre Kinder, welche die Hauptsachen lau oder gar nicht treiben; dem Andern sind sie Knechte der beweglichen, zerstreuenden und zerstreuten Zeit geworden, in denen keine Tüchtigkeit mehr zu erwerben. Mag dies immerhin ein Geschrei der Thoren genannt werden, das man unter dem kräftigen Schutze der Staatsbehörden nicht zu beachten habe; doch da dieser nicht den sittlichen und moralischen Einfluß der Lehrer auf das Gemüth der Jugend durch irgend ein Gesetz sichern oder schaffen kann, so bleibt dieser Umstand ein Uebel, das viel schlimmer ist, als es bei oberflächlicher Beobachtung aussieht. Jenen Gesinnungen gemäß fördert auch nur der Vater den häuslichen Fleiß des Knaben; er kann ja nur lügen, wenn er es anders thut, und solche erlogenen Ereiferungen der Väter erkennen die Knaben nur zu gut. So wird denn die ohnehin zu schwere Aufgabe für die Gymnasien durch den Einfluß der väterlichen Gesinnung zu einer unauflöslichen gemacht. Man läßt theure Privatstunden geben, weil das Gymnasium nicht das Gewünschte lehrt, der Knabe muß für diese arbeiten, um nicht das Geld umsonst auszugeben, und mit diesem Mißtrauen gegen die Leistungen der Gymnasien wird der willige Gehorsam untergraben. Was der Vater noch auf die Gymnasial-Institution schiebt, das bürdet der des Urtheils unfähige Knabe den Lehrern dieser Gegenstände auf, und die willige Folgsamkeit, ja die Achtung vor dem Lehrer ist damit zu Ende. Dies greift das Leben der Gymnasien im innersten Kerne an. Derselbe Vater, welcher den strengen, harten, viel verlangenden Privatlehrer lobt und anfeuert, der erhebt großen Lärm, wenn das Gymnasium ähnlich zu verfahren nur den Schein annimmt. So hat sich — man wird es von keiner Seite gern glauben und zugestehen wollen — ein eigenthümlicher Haß gegen die Gymnasien festgesetzt, der alle Lücken in dem Unterrichte, alle wirklichen oder geträumten Mängel in der Methode, alle Schwächen in den einzelnen Unterrichtsgegenständen, alle Fehlgriffe in der Disciplin und Erziehungsweise absichtlich hervorzieht und aufzählt, um schlagende Gründe für die Unzufriedenheit angeben zu können. Schonungslos, ohne Rücksicht auf ungünstige Verhältnisse, ohne Rücksicht auf einzelne Individualitäten, ohne Rücksicht auf die Mangelhaftigkeit aller menschlichen Einrichtungen strafen sie die Gymnasien mit ihren Schulnachrichten zum Theil Lügen. Noch mehr: die Ueberladung der Kinder, das Unnützliche vieler Gegenstände und die Unzufriedenheit und der Haß gegen die ganze Institution des Gymnasiums erzeugt nicht blos Nachsicht von Seiten des Vaters, nein, wo der Vater noch nicht ein Verweisen seines Sohnes fürchtet, da sucht er dessen Fehler zu beschönigen, hilft dem Buben durch allerhand Schulverlegenheiten hindurch, benutzt wohl jede Gelegenheit, seinen Sohn den Strapazen der Schule zu entziehen, wenn er es nur mit dem Scheine eines guten Grundes kann. Allerdings denken nicht alle Väter so, aber doch mehre, als man glaubt, und ein Feind kann schon viel Unkraut unter den Weizen säen.

Dieser Haß wird noch dadurch bedeutend vermehrt, daß die Eltern gezwungen sind, ihre Kinder den Gymnasien zu überweisen, sie mögen studiren wollen, oder nicht. Die Tüchtigkeit der Menschen wird heutigen Tages durchaus nach der Masse der Kenntnisse geschätzt, Intelligenz ist das Gewicht, mit dem der Mensch steigt, oder fällt. Diese Kenntnisse giebt nur das Gymnasium, weil außer diesem keine Anstalt da ist; die Anforderungen an die niedern Staatsbeamten sind nach den Gymnasialstufen abgemessen, und so erscheinen sie als die mit Monopolen versehenen Institute, welche allein den Schlüssel zu jedem Fortkommen haben. Sonst sind alle Monopole aufgehoben, Gewerbefreiheit gilt, aber die Freiheit der Ausbildung hat durch die gesetzlich bestehende Organisation der Gymnasien eine eigenthümliche Beschränkung erhalten. Die Gymnasien sind die Barometer der Bildung geworden für alle Stände, und die Klassen sind die Scalen der Röhre, an der man das Maaß des Bildungsgewichtes abliest. Wer mag, wer darf dies tadeln, wer mag hier gern Experimente sehen, welche immer eine ganze Generation treffen, wer in diesen Dingen das Hin- und Herschwanken ertragen? Es muß die geistige Entwickelung der Nation, der feste sichere Schritt der Fortbildung, der muß wieder Sicherheit in die wankenden Gemüther verpflanzen. Nicht tadeln, loben muß man die Weisheit, welche hier ein unverrücktes Ziel im Auge behielt, das Alte nicht aufgiebt und dem Neuen nicht die Thore verschließt; aber verschwiegen darf und muß zur Rechtfertigung der Gymnasien und ihrer Lehrer nicht werden, daß man jene Monopolisirung im Volke als einen Zwang und Druck und sich dem Gymnasium als ein Unterthan fühlt. Die Bildung, sagt man, muß nach der Musterform der Gymnasien in jeder Schule zugeschnitten sein, wenn ihre Waaren, die Zöglinge, auf dem Markte des Staatshaushaltes ein Unterkommen finden wollen. So sieht der höhere Bürgerstand mit Neid und Scheelsucht auf die wohl ausgerüsteten und kräftig unterstützten Gymnasien und sieht darin eine Zurücksetzung und Vernachlässigung seines Standes. Dies spricht sich laut genug in der ungestümen Forderung der höhern Bürgerschule aus, mit welcher sich allemal — man übersehe es ja nicht — eine geheime Freude verbindet, welche den Stolz der Gymnasien schon gebeugt sieht. So ist man in den Beschuldigungen gegen diese ungerecht und sieht wirklich Mängel, welche entweder gar nicht existiren, oder die bei genauerer Beleuchtung gar nicht einmal als solche erscheinen dürften. Die Gymnasien leisten gewiß, was sie können, nur nicht, was Jeder von ihnen zu verlangen Lust hat, und sie würden noch viel, viel mehr leisten, wenn nicht die Unzufriedenheit gegen ihr Thun, das Mißtrauen gegen ihre Bestrebungen, die sich durchkreuzenden Anforderungen, der Widerstand der Eltern gegen ihre Aufgaben, der alle Fehler und Mängel — wofür sie oft und meist gar nicht können — aufsuchende Neid und Haß, wenn nicht die Untergrabung des Vertrauens, des Gehorsams, wenn nicht die Zerstörung der kindlichen Hingebung jeden erziehenden Einfluß und die Willens- und Thatbestimmung ihrer Schüler unmöglich gemacht hätte. Mit dem Vertrauen des Volkes zu der von den Gymnasien gebotenen Bildung, mit dem Glauben an die Bewährtheit derselben ist vieles Schöne zu Grabe gegangen, das gewiß durch keine Strenge und keine Gesetze wieder zu erwecken ist.

In jener Doppelaufgabe liegt endlich auch noch der oft beseufzte Uebelstand, daß nämlich viele Schüler in die Gymnasien hineingedrängt werden, die weder innerlich, noch äußerlich zum Lernen berufen sind. Die Knaben sollen und wollen nur eine gewisse Klasse erreichen, um so für gewisse Dinge gestempelt zu sein. Der Vater ist damit einverstanden; das Urtheil: dies und das brauchst du für deinen Beruf nicht, die eben gedachten Urtheile des Vaters dazu genommen, machen ihn faul und fahrlässig; er verliert so seine Jugend und Jugendkraft im Nichtsthun und wird dem Gymnasium eine unerträgliche Last, die sich schwer drückend auf die Mitschüler wirft. Faulheit und Schlaffheit sind sehr ansteckende Krankheiten, zumal wenn sie so viel Krankheitsstoff vorfinden. Eine Klasse, in welcher sich die nicht studirenden Schüler häufen, ist erfahrungsmäßig eine wahre Plage für die Lehrer. Was thun endlich die Lehrer, um sich dieser Hemmschuhe zu entledigen? Sie geben ein Zeugniß des Herangereiftseins zur nächst höhern Klasse, versetzen auch wohl mit zugedrücktem Auge hinein und freuen sich, mit einer kleinen Lüge sich einer großen Last enthoben zu wissen. Das mehrt aber das Ansehen der Gymnasien und ihren Einfluß gewiß nicht. Dieser üble und doch unvermeidliche Ausweg für die von Eltern und Knaben bedrängten und ihr eignes Wohl dabei berücksichtigenden Gymnasien, diese trübe Nothwendigkeit, bei der das Herz nur zu natürlich mit seiner Menschlichkeit hineinspielt, beweist den künftigen Examinatoren solcher Knaben gewiß nicht, daß die Gymnasien jener Doppelaufgabe gewachsen wären. Noch lästiger aber sind die vom Griechischen dispensirten Schüler. Zu der Frage, warum denn für den Kaufmann noch Latein nothwendig, fühlt sich Vater und Sohn berufen. War vorher der Knabe lässig, so wird er es nun nach erhaltener Dispensation vom Griechischen meistentheils noch mehr. Die Schularbeiten sind so berechnet, daß das Griechische mit erlernt werden kann, durch die Dispensation wird freie Schul- und Arbeitszeit, aber nicht Arbeitslust gewonnen, und es ist ein großer Irrthum, wenn vorausgesetzt wird, daß ein dispensirter Schüler in den übrigen Gegenständen mehr leisten werde. Zum Selbststudium ist er noch nicht befähigt, und darf eine solche Kraft und ein solcher Wissenstrieb in ihm gar nicht vorausgesetzt werden, er wird daher nur lernen, was und wie viel die Klasse von ihm, und nur gerade so, wie sie es von ihm und allen andern Schülern fordert, so daß jedes mehr oder minder sorgfältige Betreiben eines Lehrgegenstandes Seitens der Schule sich in ihm wie in jedem andern abspiegeln wird. Darum aber ist er oft unbeschäftigt, fällt auf unnütze Dinge, braucht Gehülfen und verführt seine Mitschüler dazu. Der Gedanke an die bald vollendete Schullaufbahn wirkt auch dahin, sich den Arbeiten und den Gesetzen der Schule zu entziehen, und die Vergnügungen des bald von ihm zu ergreifenden Berufes sucht er schon im Voraus durchzukosten, um seinem künftigen Stande auch in dieser Beziehung gewachsen zu sein *). Dieser Zustand

*) Eine andere, für die Gymnasien allerdings günstigere, aber im Allgemeinen doch wohl zu beklagende Folge dieser Doppelaufgabe ist die, daß ein Knabe ruhig fortarbeitet, über die Klasse, welche er zu seinem Berufe braucht, zu jung hinwegkommt, um schon seinen Beruf anzutreten, darum noch einige Zeit in der Schule bleibt, noch höhere Klassen erreicht und so zum Studiren veranlaßt wird; denn der Vater nennt es eine Wegwerfung der erworbenen Bildung, und der Sohn sieht eine Zurücksetzung darin, wenn er als Primaner das werden soll, was er schon als Tertianer hätte werden dür-

drückt mit seiner Last die Gymnasien centnerschwer, hemmt auf allen Ecken und macht das Schwierige noch schwieriger, und so bedarf es denn wohl kaum noch der Versicherung, daß die Gymnasien die höhere Bürgerschule dringend wünschen und im eignen, wie im Interesse der jetzigen und künftigen Jugend, eine solche Schule wünschen müssen. Nicht minder ist hier ausgesprochen, wie sie dieselbe sich wünschen müssen. Wenn die höhere Bürgerschule das Gymnasium von der Doppelaufgabe befreien und ihm somit zu seinem einfachen ursprünglichen Zwecke wieder verhelfen, so die Versöhnung mit den Eltern wiederherstellen und das Vertrauen und die Hingebung der Jugend wieder hervorrufen kann; wenn sie durch Abnehmung der Last es den widersprechenden Anforderungen, falschen Beurtheilungen und dem mißtrauischen und scheelen Blicke entziehen und so ihm zu dem gründlichen Treiben, zur sichern, lückenlosen Fortschreitung, zur einflußreichen erziehenden Wirksamkeit wieder verhelfen kann: dann wird sie gern von ihm als die ebenbürtige Schwester begrüßt werden. —

fen. Man schätzt den Stand nur nach der für denselben geforderten Vorbildung, und kein Mittel hat mehr Schüler dem Studiren entzogen, als die gesteigerten Anforderungen an die niedern Staatsbeamten, und könnte der Gewerbestand für sich ein Gesetz durchführen, nur Primaner für gewisse Gewerbe zuzulassen, so würden dem Staate dadurch viele unnütze Literaten genommen, und dem Bürgerstande viele productive Kräfte zugeführt werden.

Zweiter Abschnitt.

In wie fern sich die Gymnasien als Gegner der höhern Bürgerschule kund geben müssen.

Wenn in den Wünschen nach höhern Bürgerschulen sich der Gedanke ausspricht, als sei nun der Bildung durch die altklassischen Sprachen, was man als den Hauptcharakter der Gymnasien ansehen muß, ein Ende zu machen, und eine neue Aera der Aufklärung herbeizuführen, so kann und darf dazu nicht geschwiegen werden. Es gilt hier eine heilige Sache zu vertheidigen. Die ganze Bildung der Nation ruht mit ihren Wurzeln tief im altklassischen Boden, der kräftige Stamm unserer Literatur sog seine erste Nahrung aus auf dem befruchtenden Felde der alten Welt. Will man diesen Stamm von der Wurzel trennen, so wird er verdorren, und seine angesetzten Früchte werden verfaulen, noch ehe der Kern in ihnen zur Fortentwickelung gereift ist. Reiße den historischen Faden eines Volkes ab, es irrt wüste und unstät in dem unabsehbaren Meere von Volksbestrebungen und wird im wirren, haltungslosen Treiben und Jagen sich selber und Andern mit seiner Beweglichkeit eine Last. Mit der Bildung ist es nicht anders. Wir würden nach Aufgebung jenes historischen Fadens nach einigen Jahrzehnden uns selber nicht mehr verstehen, und die Treibjagden unserer Literatur, welche schon heute sichtbar werden, würden sich zuletzt von der Heimath verirren und in Wüsteneien sich verlieren. So lange unsere Literatur und unsere Bildung einer gesicherten Fort- und Fortentwickelung sich bewußt bleiben will, muß sie das Morgen nie ohne den Zusammenhang mit dem Gestern erstreben, wenn nicht eine düstere Nacht dazwischen treten soll. So müssen denn die Gymnasien, als die Verpflanzer der altklassischen Bildung, im vollen Bewußtsein der Pflicht sich jedem Versuche dieser Art entgegenstellen, und aus dieser Rücksicht müssen sie einerseits wünschen, daß sie ihrer ursprünglichen Aufgabe wieder zurückgegeben, von dem Hemmschuhe befreit werden möchten, d. h. sie müssen höhere Bürgerschulen wünschen, weil das Leben der Gewerbswelt einen andern Bildungsstoff und andere Bildungsmittel erheischt, welche sie zu geben außer Stande sind, ohne ihr Hauptziel, ihre Bedeutung, ihr eignes Leben selbst aufs Spiel zu setzen. Andrerseits aber, in so fern die höhere Bürgerschule nicht blos Schwester, sondern Usurpator sein, in so fern sie die Revolution im Gange der Bildung herbeiführen, in so fern sie den historischen Faden abreißen und den blühenden Baum unserer Cultur entwurzeln will, in so fern müssen die Gymnasien nicht etwa um ihrer eignen selbstsüchtigen Subsistenz, sondern um des Volksheiles willen als entschiedene Gegner derselben auftreten.

Doch dieser Kampf um Leben und Tod scheint heute ziemlich ausgekämpft, denn man hat jeder Schule im Allgemeinen ihre Sphäre angewiesen. Man hat die Gymnasien einerseits mit siegreichen Waffen zu erhalten, zu schützen gesucht, und feindlicher Seits hat man sie — so zu sagen — ihrem Schicksale überlassen wollen, damit sie so endlich in sich selber verrosteten und den Tod fänden. Demnach hat man auf Anlegung von höhern Bürgerschulen gedacht, und zwar ganz parallel den Gymnasien, und denkt an vielen Orten viel daran, ohne daß man dabei weiter eine Umgestaltung der Gymnasien im Sinne hat. Diese könnten demnach zufrieden sein und den neuen Ankömmling gewähren lassen; und dennoch hat es den Schein, als wenn sie auch jetzt noch widerstrebten. Die ihnen dabei untergeschobene Eifersucht ist gänzlich nichtig, und noch ärger ist es, wenn man als den Grund dieses Widerstrebens niedere Gewinnsucht angiebt. Allerdings muß auf den ersten Blick dieses Entgegenstellen befremden, da man nach Obigem eher das Gegentheil erwarten sollte, und darum bedarf es einer recht ernstlichen Prüfung, um die Gymnasien von dem Verdachte eines niedrigen Neides zu befreien und sie vor manchen herben Angriffen und gehässigen Urtheilen zu schützen, welche nur zu tief ihren innersten Lebenskeim annagen und verletzen.

Die Gymnasien erkennen es vollständig an, daß

ihnen die höhere Bürgerschule die große Last der für den gewerblichen Beruf bestimmten Zöglinge abnehmen könnte, sie gestehen, daß durch sie den gewerblichen Ständen eine intellectuelle und geistige Kraft zu deren großer Förderung zugeführt werden könne, daß sie ein Ableitungs-Kanal für Viele werden wird, welche sonst studirt haben würden; sie räumen es gern ein, daß durch sie der Gewerbestand als ein höher gebildeter erscheinen, somit eine höhere Achtung erringen und somit künftighin nicht mehr von den höhern Ständen gemieden werden wird; sie sehen hierin die Möglichkeit, daß der höhere Stand sich zu dem niedern herablassen, und so eine wahre Durchdringung derselben und nicht blos eine conventionelle Annäherung möglich werde; sie erkennen deutlich, daß die richtige Wahl des Berufes, die jetzt durch mancherlei Vorurtheile von geringerer Bildung und dergleichen beschränkt ist, nach und nach eine größere Zufriedenheit des Einzelnen in seinem innern und äußern Leben herbeiführen, und so endlich auch die alles Volksheil vernichtende Eifersucht der einzelnen Stände ersticken wird; sie können absehen, daß ihnen nach vollständiger Organisation des Bürgerschulwesens nur noch die zu den Studien bestimmten Schüler bleiben werden; aber je mehr sie dies Alles herbeigeführt wünschen, um so mehr liegt es in ihrem Interesse, darüber zu wachen, daß nicht durch unglückliche Versuche die Lust am Organisiren, die Bereitwilligkeit zu den nothwendigen Opfern, die Volksbegeisterung für eine so wichtige Sache untergraben werden. Sie müssen daher ihre Bedenken äußern, wenn sie nicht Verräther an der Bildung heißen wollen. Zu diesen Bedenken gehört nun als erstes das durch die Erfahrung gegebene, daß nämlich allen Empfehlungen und hohen Anpreisungen zum Trotze nur wenige höhere Bürgerschulen erst recht zur Geltung gelangt sind. Viele von ihnen, obgleich wohl ausgerüstet und äußerlich sehr unterstützt, kranken, manche haben sich in Gymnasien umgewandelt, andere sind zu Elementarschulen herabgesunken; überall fast hat sich das erste Feuer der Begeisterung nach und nach gelegt, und zwar deshalb, wie man gesteht, weil sie nicht das leisten, was man sich von ihnen versprochen, und weil sie nicht die erwartete Theilnahme von Seiten des Publikums gefunden, oder doch sich erhalten haben. Diese Erfahrung ist nun aber um so auffallender, als nach der Wahrscheinlichkeitsrechnung noch bei Weitem nicht so viel Schulen dieser Art vorhanden sind, um das Bedürfniß nach denselben zu befriedigen. Da nun aber diese Erfahrung in der Hauptstadt Berlin und in größern Provinzialstädten, wie zu Königsberg in Preußen, gemacht ist, da man nun niemals in kleinern und mittlern Städten das Maaß nach den größern und Hauptstädten nehmen darf, da die in einer großen Stadt unternommene und günstig ausgefallene Speculation gewiß nicht in einer kleinern ohne Verluste gewagt werden darf, so darf man alles Ernstes im Voraus auf ein Mißlingen gefaßt sein, wenn eine Unternehmung mit großstädtischer Eitelkeit in einer Provinzialstadt ohne großstädtische Mittel und Theilnahme angefangen wird. Mögen daher hier kurz die Ursachen dieser Erscheinung zusammengestellt werden, um daraus zu begreifen, wie sehr man Ursache habe, bei Einrichtung einer höhern Bürgerschule bedenklich zu werden. Zunächst fehlen diesen höhern Bürgerschulen die Privilegien, die den Gymnasien zu Theil geworden sind, und die ihnen zugestandenen sind an schwierigere Bedingungen geknüpft. Wer nach der neuen Prüfungs-Instruction für die höhere Bürgerschule das dort Geforderte leistet, hat die Berechtigung zum einjährigen Militärdienst, die ein Tertianer eines Gymnasiums auch hat, und schwerlich hat dieser so viel gelernt, wie dort gefordert wird. Das Reif der Gymnasien öffnet den Zugang zur Universität und so die Bahn zu den hohen und höchsten Staatsämtern; das Reif der Bürgerschule giebt keine weitere Berechtigung, als die Tertia und Secunda eines Gymnasiums ohne alles Examen auch giebt. Ist nun noch die Anforderung an die Gymnasien geringer, als dort, so sind dadurch der Bürgerschule bald die Schüler entzogen und suchen die Reife für niedere Staatsämter bald auf dem alten Wege, und die eine verliert, was die andere zu viel hat, jene leidet Mangel an dem, wodurch diese erstickt wird, und so ist beiden nicht gedient.

Daneben sind die höhern Bürgerschulen ganz nach dem Zuschnitte der Gymnasien gestaltet. Ob das aber nicht ein neuer Lappen auf ein altes Kleid ist? Die dadurch beabsichtigte großartige Abgeschlossenheit hat ihr alle die Mängel des Gymnasiums auch mitgegeben. Die Cursen sind eben so lang und dünn geworden, viele

Gegenstände und fast noch mehr, als in den Gymnasien haben gelehrt und getrieben werden sollen, und jenes unselige Stopfen und Jagen hat hier, wie dort, seinen Platz gefunden. Dazu sind die hier zu lehrenden Wissenschaften die im steten Werden begriffenen, einige derselben sind methodisch noch gar nicht bearbeitet, andere in sich selber noch vage; so ist denn hier zu dem Vielerlei des Unterrichts noch ein Schwanken und eine Unsicherheit hinzugekommen, während die Gymnasien mindestens einen alten ausgetretenen Weg haben. Dazu noch sucht man hier eine Befriedigung für alle möglichen Wünsche zu geben, um sich recht annehmbar und lockend zu machen, und so hat man die Bürgerschule voll Gegenstände gestopft, deren Menge bis ins Unglaubliche reicht, wovon aber die Folgen für die Gymnasien hinlänglich geschildert, und die auch für die höhere Bürgerschule nicht ausgeblieben sind. So drückt denn das dort ausgesprochene Uebel mit all seinen Folgen die Kinder, die Eltern, und das gesuchte Heilmittel ist nicht gefunden. So schwindet das Interesse an den kostspieligen Anstalten, man kehrt seufzend zu den Gymnasien zurück und beschuldigt im Verkennen der wahren Ursache die unschuldigen Lehrer. Bei einer solchen Parallelisirung der beiden Schulen muß die Entscheidung für den Beruf viel zu früh geschehen, denn schon der Knabe von acht und neun Jahren soll sagen, was er werden will, oder der Vater soll über sein künftiges Schicksal in einer Zeit entscheiden, wo ein redlicher Vater es noch nicht mit gutem Gewissen kann. Es bleibt also zum

Heile des Kindes unentschieden; und müssen alle diese Unentschiedenen nicht ins Gymnasium, um sich die Bahn für jeden Lebensberuf offen zu erhalten? Ja alle diejenigen Eltern, welche bei der Möglichkeit auch den Wunsch hegen, daß ihre Kinder sich zu höhern Studien befähigen möchten, werden diese den Gymnasien überweisen, um daselbst, wie es jetzt geschieht, den Versuch zu wagen und zu einer sichern Entscheidung sich erst gehörig durch die beobachtete Richtung und .Entwicklung des Kindes zu befähigen. Verfehlter Beruf ist das größte Leid, was die Eltern ihren Kindern zufügen können, und so ist denn den Gymnasien nicht und den Bürgerschulen noch weniger geholfen.

Dem gemäß bleiben nun in den untern Klassen der höhern Bürgerschulen nur die Kinder der ärmern Eltern zurück, welche aus Mangel an Mitteln, ihre Kinder lange im Brote behalten zu können, doch denselben die höchst mögliche Ausbildung geben wollen, bis sie einen Ausweg zum Selbstunterhalte finden, während die Kinder der gebildetern und reichern Stände in den Gymnasien sind. Dieser Umstand wird bald empfunden, und die Zurückhaltung vom Besuche der untern Klassen der höhern Bürgerschule wird dadurch nothwendig vermehrt. So sind denn die höhern Klassen derselben leer, weil die Schüler der untern Klassen nicht so lange in der Schule bleiben, der Kostenaufwand wird nicht mehr gedeckt, Mißfallen giebt sich überall zu erkennen, und die erst mit Vertrauen begrüßten Anstalten sehen dem Schicksale der Gymnasien entgegen. Sieht man nun hienach weiter zu, wie sich nach diesem Zuschnitte die höhern Klassen gestalten, so ist die Aussicht für diese noch unerfreulicher und gewiß nicht für sie ersprießlich. Die Eltern wünschen, ihr Kind möge studiren, der Weg soll ihm durch den Besuch des Gymnasiums so lange als möglich offen erhalten werden; man hofft von Semester zu Semester, daß es besser gehen solle, bis denn endlich alle Hoffnung verschwunden, d. h. bis alle Lust zum Lernen erstorben, und alle Freude am Wissen erstickt ist. Nun wird die Schule gewechselt, die Bürgerschule soll heilen, und das kann sie nicht, weil sie ja in Beziehung auf Lehrgegenstände eben so und noch übler berathen ist, als das Gymnasium. Man horche nur auf die lautesten Stimmen im Publikum, welche sich für die höhere Bürgerschule erheben, ob es nicht die Väter solcher Knaben sind, die in den Gymnasien gar nicht mehr fortschreiten. Die hier vorwärts schreitenden Schüler versöhnen dagegen ihre Eltern mit dem Gymnasium — denn die Eltern tüchtiger Söhne sind immer Lobredner desselben und seiner Weise und werden es auch bleiben, — die Methode und Leistungen u. s. w. befriedigen sie, die Kinder erreichen hier verheißener Maaßen für jedes Gewerbe die allgemeine Ausbildung, zu jedem Staatsamte die offene Bahn, für jeden Lebensweg die Vorbereitung. Der Sohn wünscht in diesem Falle keinen Schulwechsel, und zwar um so weniger, ein je besserer Schüler er ist. Die Lehrer haben ihn, er sie lieb; der Gang des Unterrichts ist ihm gewohnt und leicht, und eine gewisse Pietät hat sich angesponnen, vielleicht fest begründet, und diese zerstört man doch nicht leicht mit freventlicher Hand um leidiger Vorurtheile willen. Wer kann wissen, ob er in der neuen Schule das Alles wieder finden werde, was er hier schon gewonnen, und so bleibt der bessere Schüler, wo er ist, und die Gymnasien thun nicht mit Unrecht das Ihre dazu, solche Schüler zu behalten, während sie im entgegengesetzten Falle sich alle Mühe geben werden, die schlechten Schüler auf die höhere Bürgerschule abzuladen. So hat denn diese in ihren obern Klassen ein Wirkungsfeld, was Viele vom Besuche zurückhält, was den Tod des wahren Fortschrittes und des regen Lebens schon in seinen Schößlingen mit sich führt. Leer sind demnach entweder die obern Klassen, oder leisten wenig, und die Freude am kostspieligen Versuche erstirbt in dem Anblicke dieses matten Lebens. Solche Eltern aber, denen es nur um die Bildung ihres Sohnes zu thun ist, und die hinter dieser Ausbildung keinen andern äußern Zweck verbergen, die den studirten Sohn noch in ein praktisches Gewerbe aufnehmen, die es für keine Wegwerfung der mühsam und kostspielig errungenen Bildung ansehen, wenn der Candidat in die Handlung übergeht, solcher Eltern giebt es nicht viele, und darum eben giebt es auch nicht viele Schüler in den obern Klassen der höhern Bürgerschule, welche nicht erst einen Versuch im Gymnasium gemacht hätten und nach verfehltem Versuche nun noch eine höhere Staffel der Bildung in der neuen Anstalt ersteigen wollen. So krankt die Schule in den untern wie in den obern Klassen, rundet nicht die Bildung derer ab, die nur bis zu den mittlern Klassen in ihr bleiben, und kann die Schüler in den obern Klassen nicht mehr heilen.

Die Bürgerschulen haben kein Mittel, die Schüler bis zur Erreichung ihrer höchsten Bildungsstufe festzuhalten und, wie die Gymnasien mindestens ihre eine Aufgabe, so auch ihre Aufgabe einer höhern Bürgerbildung mit einer eisernen Strenge zur Vollendung zu bringen. Kein Gesetz kann und darf den Gewerbsmann binden, wen er als Lehrling aufnehmen soll. Wenn er einen solchen braucht, so greift er gewiß nicht immer nach dem Gelehrtesten unter den sich Meldenden, ihn bestimmen oft andere und bessere Beweggründe. Es muß vielmehr als etwas ganz Ungewöhnliches angesehen werden, wenn ein Schüler alle Klassen der höhern Bürgerschule durchmachen, zwanzig Jahre auf seine allgemeine Vorbildung verwenden und dann erst zum Erlernen des praktischen Geschäftes übergehen soll. Er muß nach dem Zuschnitte der Anstalt, wenn er sie ganz durchmachen soll, schon ziemlich alt geworden sein, die niedern Dienste des Geschäftslebens werden ihn anwidern, die Subordination unter den Willen des Lehrherrn und unter manche Willkühr hat er in der gesetzlichen Zucht der Schule verlernt, hochtrabender Sinn und Dünkel auf sein Wissen erhebt ihn über den Lehrmeister, und für beide ist der Zustand unerträglich. Belege hiezu giebt es überall. Aber auch die Schüler, welche ein praktisches Gewerbe suchen, haben gar nicht Lust, so lange in der höhern Bügerschule zu verweilen.

Sobald sich ihnen nur eine Stelle darbietet, wird sie angenommen, und ist nun — wie es immer bis jetzt noch gewesen — die Schule so angethan, daß sie mit ihren vielen Lehrgegenständen auch einen Ueberdruß am Lernen erweckt, so wird um so freudiger jede Gelegenheit, des Lernens überhoben zu werden, ergriffen werden. Womit soll die Schule die Schüler halten? Gesetzliche Abiturienten-Examina als letzte Schreck- und Bindemittel giebt es nicht und kann es nicht geben, und so wird erklärlich, wie die Schule bald ihre Theilnahme im Publikum verlieren muß.

Nach allem diesem können nun die höheren Bürgerschulen nimmermehr die ihnen gestellte Aufgabe lösen. Können die Schüler nicht bis zur höchsten Klasse festgehalten werden, so wird das Resultat ihrer Wirksamkeit gerade eben so dürftig wie in den Gymnasien ausfallen müssen, wenn man sie nach deren Vorbilde, wie es doch immer geschieht, organisirt. Mit kleinen Kindern von acht und neun Jahren kann man keine Mathematik und Physik und Chemie und deutsche Literatur treiben. Diese Gegenstände bedingen eine Vorreife, welche durch keine künstliche Methode herbeigeführt wird, und gäbe es bessere Methoden, als die in den Gymnasien angewandten, so wäre es doch gar nicht abzusehen, warum sich diese nicht dazu bekennen sollten. Gäbe es ein Mittel, die Knaben zu reifen, die Gymnasien würden in ihren unsäglichen Mühen längst darnach gegriffen haben, und man kann schwerlich annehmen, daß die schwankende und unsichere höhere Bürgerschule soll gefunden haben, was die Gymnasien seit Jahrhunderten suchen. Es hat bisweilen wirklich den Schein, als halte man die Gymnasiallehrer für so alt, wie ihre Anstalten, denn sonst wäre nicht recht begreiflich, wie man von den höhern Bürgerschulen Erwartungen hegt, welche das Gymnasium trotz aller Mühe und Sorgsamkeit nicht befriedigt hat, auch nie befriedigen wird. Doch ist solche Ansicht nur als Lockmittel der Lobredner von höhern Bürgerschulen anzusehen, und diese letztern haben durch ihr Dasein und ihre Leistungen längst dargethan, daß sie aus Kindern nicht Knaben und aus Jünglingen nicht Männer machen können. Wenn nun aber die in den höhern Bürgerschulen zu treibenden Gegenstände, als Mathematik und Physik u. s. w., anerkannter Maaßen eine ganz besondere geistige Vorreife und einen großen Hülfsapparat voraussetzen, wenn anders das ganze Lehrgebäude wahrhaft fruchtbar und erfolgreich und nicht ein bloßes Prunkstück für den Dünkel werden soll, so kann auch nur die ganz absolvirte Bürgerschule eine Vollendung geben, und da sie nun in den wenigsten Fällen, wie die Erfahrung zeigt, durchgemacht wird, so werden die aus ihren mittlern Klassen zum bürgerlichen Leben übergehenden Schüler bis auf einige praktische Fertigkeiten sich nicht von den abgegangenen Tertianern des Gymnasiums wesentlich unterscheiden. Man sehe doch nur die Lectionspläne solcher Anstalten, an denen gewiß, wie es heute steht, gar nichts ausgesetzt werden kann, und es wird sich Jeder, der die Kraft der Kinder und den Gang ihrer Entwickelung kennt, von dem Gesagten überzeugen, selbst wenn das Leben und die Erfahrung es nicht längst ausgesprochen hätten. —

Nicht aber darf auch verschwiegen werden, daß die neu errichtete höhere Bürgerschule trotz der großen Opfer selten in einen Zustand versetzt werden kann, um sogleich ein frisches Leben zu beginnen. Die Gymnasien haben zum Theil schon seit Jahrhunderten an Bibliotheken, physikalischen und naturhistorischen Apparaten und Lehrmitteln gesammelt, und doch wie dürftig ist dies noch bei vielen! Die höhere Bürgerschule macht aber in dieser Beziehung viel höhere Anforderungen, wenn ihr Hauptunterricht gedeihlich werden soll, und wie kann diesem genügt werden? So kranken denn die Lehranstalten bald aus Mangel an Lehrmitteln und Lehrkräften, es ermattet der rege Eifer der Lehrer sogar im Kampfe mit dürftigen äußern Verhältnissen, und die tausendfach sich durchkreuzenden Ansichten eines viel fordernden und wenig bietenden Publikums hemmen den frohen Schritt. Sollen aber die Städte noch größere Opfer bringen? Nein! denn soll sich der Gewerbsmann kostspielige Schulen und theure Lehrer halten, deren Unterhaltung seine ganze Thätigkeit und die hülfreiche Hand seiner schulpflichtigen Kinder auch noch in Anspruch nimmt, so kann er diese die Schulen darum nicht besuchen lassen, weil sie den Lehrern den Sold verdienen müssen. —

Wodurch aber die höhern Bürgerschulen alle Theilnahme von Seiten des größern Publikums verlieren, ist der einfache Umstand, daß sich diejenigen, welche sie wünschten, anlegten, oder doch das Geld dazu hergeben, unter ihr etwas ganz Anderes vorstellen, als sie sein will. Diese Leute verstehen unter Bürgerbildung ganz entschieden nichts Anderes, als eine spezielle Vorbereitung für einen speziellen, und jeder für seinen eigenen Beruf. Der Kaufmann erwartet in der höhern Bürgerschule nur eine Handlungsschule, der Apotheker ein chemisches Laboratorium, der Baumeister und der Militär eine mathematische und Zeichnenschule. Man achte nur recht genau auf die fordernden Stimmen, jede klingt anders. Sage dann allen diesen Leuten, daß man hier weder Bau-, noch Handlungs-, noch Zeichnen-, noch Gewerbe-, noch Militärschulen haben, daß man weder Produzenten, noch Fabrikanten, weder Landwirthe, noch Brauer ausbilden wolle, und du wirst bald bemerken, wie verwundert sie sich über die ihnen vorschwebenden Hoffnungen aussprechen, und wie sie sich plötzlich als die Getäuschten erkennen. Oder sage es ihnen nicht, und laß die Schulen einrichten, bald wird dem Einen zu viel Mathematik, dem Andern zu viel Chemie, einem Dritten zu viel Zeichnen, und dem Einen dies nicht, dem Andern das nicht genug getrieben. So finden sie in der höhern Bürgerschule bald noch mehr Krimskrams, als in den Gymnasien, fühlen sich getäuscht, und die Stelle der Freude über die sehnlich herbei gewünschte Anstalt nimmt der Groll über die täuschende ein. —

Sollte man demnach lieber lauter spezielle Berufsschulen einrichten, um eine rechte Befriedigung zu erreichen? Nicht doch! Eine große Weisheit ist darin sichtbar, daß man die einzelnen Wünsche concentrirt und gemeinsam zu befriedigen sucht, oder doch entschieden durch die höhere Bürgerschule darauf hinweist, wie die Wünsche der Einzelnen gemeinsam befriedigt werden möchten. Denn solche speziellen Berufsschulen können wohl an einzelnen Orten, wo sich ein bestimmtes Gewerbe ganz besonders concentrirt, und in einer volkreichen Hauptstadt Statt haben, wie Handlungsschulen in Hamburg und Lübeck, Schifffahrtsschulen in Danzig und Stettin, Künstlerschulen in Düsseldorf, Militärschulen, Bauschulen u. s. w. in Berlin. Doch wird das nur in wenigen Städten der Fall sein können, und die Erfahrung hat gelehrt, daß diese Schulen, welche nicht nach diesen Rücksichten, sondern nur aus einem Nachahmungseifer, oder aus einer besondern Eitelkeit angelegt sind, nicht Fortgang gehabt haben. Magdeburg's so reich dotirte, wohl ausgestattete, mit sehr kenntnißreichen Lehrern versehene Handlungsschule ist ziemlich zusammengesunken; die Leipziger Handlungsschule ist nur eine Abendschule, und nicht anders ist es an andern Orten, wie das auch ganz natürlich ist. Man könnte doch auch in andern Städten mit vollem Rechte fragen, welcher Stand denn der begünstigte sein solle. Denn was dem einen Recht ist, ist Billigkeit für den andern, und so würde die Menge dieser Schulen bis ins Unendliche gehen. Und gesetzt, man könnte wirklich in jeder Stadt für die Hauptstände in ihr, wie man es doch wirklich nicht kann, so viele Schulen anlegen, so würde dies eine unheilvolle Isolirung aller Stände herbeiführen, welche durch nichts wieder ausgeglichen werden könnte. Sollen nun gar die

Schulen Zöglinge umfassen, welche noch gar nicht einmal ihren praktischen Lebensberuf begonnen haben, so sind sie gewiß ganz unnütze Institute, wenn sie mehr als eine allgemeine Vorbereitung geben wollen. Schon die Schülerzahl wird immer sehr klein sein, weil man nach Entschließung zu einem Lebensberufe gemeinhin auch sogleich in denselben einzutreten wünscht. Nur wenige Menschen sind schon früh über ihren speziellen Beruf mit sich einig, oder versperren sich wenigstens ungern den Weg zu einem andern, was aber dadurch ziemlich geschehen sein würde, wenn man erst in eine solche Berufsschule eingetreten wäre, und so würde der Gewinn nicht den großen Kostenaufwand einer solchen Schule decken, und das noch um so weniger, als kein Bürger gehalten ist, nur Lehrlinge aus diesen Berufsschulen in sein Geschäft aufzunehmen. Solche Schulen leisten aber und können auch gar nicht das leisten, was man sich von ihnen verspricht; denn was der Lehrling im Geschäfte, in der Fabrik unmittelbar durch Anschauen mit einem Blicke lernt, dazu bedarf es in der Schule vieler Beschreibungen und Worte, und es wird die Sache doch noch nicht verstanden. Um ein einziges Rechenbeispiel aus der Sphäre des Berufes zu geben, müssen erst viele Begriffe erörtert werden, und ehe nur das Beispiel verstanden ist, wird schon viel Zeit verstrichen und unnütz verredet sein. Der geschickteste Lehrer kann in vieler Zeit einem Schüler das nicht so vollkommen und evident beibringen, was der Lehrherr ohne ein einziges Wort durch bloße Einführung in das Geschäft seinem

Lehrling vollkommen lehrt. Man lehre doch nur einem Knaben, um ein recht einfaches Beispiel zu nehmen, den Unterschied zweier Waaren, und dieser wisse nun, alle Merkmale nach den Fingern aufzuzählen: es ist viel Zeit dazu erforderlich gewesen; führe ihn dann auf den Waarenmarkt, und er wird sie doch noch nicht unterscheiden können. Mit jeder auf diesem Wege zu lehrenden Fertigkeit ist es noch schlimmer. Mag Je. .and den Worten nach ganz genau wissen, wie man das Schiff steuert, und wie man seine Segel stellt und mit ihnen das Schiff wendet: um es zu lehren, bedurfte es vieler Zeit; stelle den Schüler aufs Schiff, er wird klug reden, verständig demonstriren und weder das Schiff lenken, noch die Segel brauchen können. Je zusammengesetzter nun aber ein Gewerbe ist, desto mehr solche Begriffe kommen in ihm zur Sprache, desto mehr wird in ihm zu lernen sein, desto nothwendiger werden dafür die Schulen erscheinen; aber desto weniger werden diese Schulen leisten können. Je einfacher sich ein Lebensverhältniß gestaltet hat, desto eher, je zusammengesetzter, desto weniger ist es durch eine Schule zu lehren. Je größer daher hier das Bedürfniß nach Unterricht ist, desto weniger kann es durch einen Schulunterricht befriedigt werden, denn eine Schule kann nur da lehren, wo ein systematischer Zusammenhang in dem zu Lehrenden aufgefunden werden kann, und der Geist des Menschen bedarf entweder einer inneren Handhabe zum Fassen des Gelernten, d. h. er bedarf des Zusammenhanges der Begriffe, oder er bedarf einer äußeren Handhabe, das ist seines Lebensinteresses, was ihn mit dem Gelernten in eine nothwendige Verbindung bringt. Der Schule fehlt hier Alles, Anschaulichkeit des Unterrichts, Zusammenhang des zu Lernenden, und sie kann mit tausend Repetitionen nicht so viel einprägen, als das Leben mit einer einzigen, recht nahe das Interesse berührenden Erfahrung einprägt. Die besten speciellen Berufsschulen sind und bleiben daher die Werkstätten des Lebens, denn da wird an einem Tage mehr gelernt, als die Schule in Monden nicht zu lehren vermag. Das Leben des Geschäftsmannes ist in allen Winkeln, auf allen Stegen und Wegen eine Schule, und die Worte dieser Schule reden verständlicher, eindringlicher, wiederholter, nachdrücklicher, als der erfahrenste und beredteste Lehrer es nimmer vermag. Hiezu kommt noch, daß solche Schulen nicht einmal ein rechtes Lern-Interesse in ihren Schülern erregen können, denn die vielen einzelnen Begriffe erwecken es nicht, und systematisch ist kein Lebensverhältniß angeordnet. Der menschliche Geist, wenigstens der gesunde und kräftige, widerstrebt einem Notizenkrame, er sucht stets und zwar mit innerem unabweisbarem Bedürfnisse eine Einheit des Wissens, und so werden die geistvollsten Schüler in solcher speziellen Berufsschule am Wenigsten Befriedigung finden, und somit auch die besten Schüler noch nicht eben viel Nutzen aus der Schule haben. Auch haben die Schüler kein Interesse an den zu einem Gewerbe nothwendigen und für dasselbe so bedeutungsvollen Begriffen, weil ihnen deren Wichtigkeit nicht durch das Leben selbst ans Herz gelegt ist. Rede man einem Knaben von vierzehn und fünfzehn Jahren noch so viel von Haverie, Handelswegen, Concurs-Prozessen, Schiffbruch, Klippen, rede man ihm von der Gefahr eines falschen und unsichern Fundamentes beim Baue, erzähle mas ihm von Concurrenz auf dem Lebensmarkte und Connexionen und Creditwesen u. s. w., ihm sind das lauter leere Namen, deren Bedeutung ihm auch nur der Eintritt in das Leben aufschließen kann. Er hat kein Interesse dafür und kann es nicht haben, und der geschickteste Lehrer wird es ihm nicht einflößen; vielmehr werden die endlosen Erklärungen unbekannter und unverstandener und unverständlicher Dinge das Interesse noch immer mehr schwächen, und so wird denn ein solcher Schüler für seinen Beruf eben nichts weiter, als einige Weisheitsbrocken, gelernt haben, die ihn noch möglicher Weise in einen Wissensdunst hüllen und so ihm den forschenden Blick ins Leben trüben und somit ihm mehr schaden, als nutzen. Aber auch für den Stand selbst werden sie ihre Bedeutung verlieren, denn das heutige Leben ist ein bewegtes, vorwärts eilendes, es ist morgen schon ein anderes. Eine heute eingerichtete Schule erfaßt daher nur das Leben von Heute und ist morgen schon für die Lebensverhältnisse, für die sie vorbereiten soll, veraltet. Der Kaufmann und Gewerbsmann, der heute wohl erfahren aus seinem Geschäfte scheidet, um seine Kenntnisse der Jugend durch Lehren mitzutheilen, der wird nach wenigen Jahren nicht mehr Lehrer sein können, weil sein Wissen veraltet ist, weil sich dann schon wieder alle Verhältnisse anders gestaltet haben. Man weiß es endlich ohnehin zu gut, daß unsere gewiegtesten und umsichtigsten Kauf- und Gewerbsleute dies nicht auf den Schulbänken, sondern in der lebendigen Werkstatt eines tüchtigen Meisters geworden sind. Noch kommt hinzu, daß ein solches Zurichten eines Menschen für irgend einen besondern Stand doch wirklich etwas Entwürdigendes zu haben scheint. Ein Kaufmann will doch auch ein wenig mehr als ein bloßer Geschäftemacher, er will doch auch ein gebildeter Mensch sein, und wenn man dem Fabrikwesen zum Vorwurfe macht, daß die Menschen in ihm zu Maschinen herabgewürdigt werden, weil jeder Arbeiter für sein ganzes Leben nichts weiter als einen mechanischen Griff lernt, so haben in einem erweiterten Sinne die speziellen Berufsschulen auch die Richtung, den Menschen so unter die Materie herabzuwürdigen und ihn so recht systematisch geistig wie körperlich zum Sclaven seines Gewerbes zu machen; denn recht in seinem Geschäfte, aber dann auch in nichts Anderem Bescheid zu wissen, das ist eine geistige Armuth, die des Menschen unwürdig ist. So erscheinen denn diese Berufsschulen für höhere Lebenskreise ganz unthunlich und zwecklos und haben nur dann einen Sinn,

> wenn sie diejenigen als Schüler aufnehmen, welche bereits in das Gewerbe eingetreten sind und inneres und äußeres Interesse für ihren Beruf gewonnen haben.

Aber in diesem Falle läßt sich keine allgemeine Constructionsregel angeben, sondern jede derselben wird und muß sich nach den Bedürfnissen und Anforderungen des Standes bequemen, dem sie nun eben dienen will, wird aber niemals eine wahre Frucht bringen, wenn sie nicht die Allgemeinbildung immer vorzüglich mit im Auge behält *).

Nach diesem Allen scheint die Frage: in wie weit die Gymnasien sich als Gegner der höhern Bürgerschule entgegenstellen müssen, kaum noch nöthig, denn aus Obigem geht hervor, daß den Gymnasien ihre Last und das damit verbundene Uebel jener Doppelaufgabe gar nicht abgenommen ist, und daß selbst in dem Falle, wenn neben jedem derselben noch eine höhere Bürgerschule bestände, doch ihnen noch nicht diese Erleichterung und diese sehnlichst erwünschte, ja zu ihrem Heile nothwendige Heilung werden könnte; daß ferner die Bürgerschulen um nichts besser als sie selber daran sind und so das Uebel nicht mindern, sondern erhöhen und statt der verheißenen Einigung, Zufriedenheit und Versöhnung nur noch eine größere Entzweiung zwischen Eltern und Schule zum großen Verderben des heranwachsenden Geschlechtes herbeiführen werden; daß ferner die höheren

*) Es giebt noch einen Grund, der diese speziellen Vorbereitungsschulen für einen Beruf als schädlich erkennen läßt, der jedoch nicht hier, ohne zu weitläuftig zu werden, verständlich dargestellt werden kann; er ist in der Kürze der: daß es kein besseres Mittel giebt, die durch die Schulen gegebene Emancipation der Jugend durch eine Unterordnung unter einen Lehrherrn zum Heile des Einzelnen wie des Ganzen wieder eine Zeit lang aufzuheben, damit das Geschlecht doch im Gehorchen zur wahren Freiheit erstarke.

Bürgerschulen einen großen Kostenaufwand erheischen, der im Allgemeinen als fruchtlos hingegeben angesehen werden muß, wodurch denn alle Quellen für die Schulen ausgeschöpft werden, so daß beide Schularten aus Mangel an frischem Zuflusse von Mitteln dem Verschmachten nahe kommen müssen; daß man ferner den Gymnasien die zur Subsistenz und zum frischen Gedeihen nothwendigen Mittel entzieht, um sie einer vorgefaßten Lieblingsidee des Volkes zu opfern, von der die gehegten Erwartungen unmöglich Befriedigung finden können, wenigstens bis dahin nicht gefunden haben; daß man die Liebe zu bereitwilligen Opfern fürs Schulwesen durch diese voreiligen Versuche an vielen Orten erstickt und so der Fortbildung einen Stoß zum Rückschritte giebt. Hiezu kommen in den kleinern und mittlern Städten, in denen eine Bürgerschule und Gymnasium zugleich sein soll, allerhand Collisionen zwischen den Schülern und auch wohl Lehrern; Eifersucht bleibt nicht aus, und die Rückwirkung auf den moralischen Zustand der Schule ist durchaus unvermeidlich. Die Zucht wird für beide Anstalten gleicher Weise erschwert, und eine volle Beaufsichtigung außer der Schulzeit wird eine ganz unlösliche Aufgabe. Das Gehen und Kommen aus einer Schule in die andere löst alle Bande der Pietät und der Zucht auf, und die Wirkung der Schulen auf Sittlichkeit und das Anerziehen einer treuen Anhänglichkeit — dies höchste Bedürfniß unsrer Zeit — ist unmöglich gemacht. Dies können die Gymnasien unmöglich ruhig herbeikommen sehen, mindestens müssen sie darauf aufmerksam machen, daß man in der Zukunft nicht der einen, oder der andern Anstalt böswillig zur Last lege, wofür keine von beiden kann, sondern was nur seinen Grund darin hat, daß eben beide an einem kleinern Orte zugleich sind. Kommt nun hiezu gar noch, daß hinter diesem Wunsche nach höhern Bürgerschulen sich ein Haß gegen die vornehmen Stände und gegen die höhern Staatsbeamten ausspricht, daß man mit der Bürgerbildung diese Leute an Intelligenz zu überflügeln und sie dann übersehen zu können meint; sollte sogar hin und wieder ein Haß gegen alle Gelehrsamkeit sich hinter dem Schreien nach Bildung verstecken; oder sollte andrerseits die niedrigste Gewinnsucht sich abspiegeln, die da meint, daß die Schulen den materiellen Besitz des Volkes erhöhen, Handel und Gewerbe beleben, Erwerbsquellen öffnen und einen Sieg in der Concurrenz mit andern Nationen unfehlbar herbeiführen würden: dann ist es jedes Menschen Pflicht, die warnende Stimme laut werden zu lassen und die schützende Hand vor das geblendete Auge zu halten; dann ist es Pflicht aller Freunde der Volksbildung, die Mitwelt aus dem Irrthume zu reißen, als wäre die geistige Kraft ein Capital, was geprägte Zeichen trüge, und als wäre die erlangte Bildung ein Wechsel auf Sicht, den das Leben mit klingender Münze honorirte. Jeder niedere Gedanke auf Gewinn muß bei dem Erstreben eines Höhern aus dem Spiele bleiben, wenn das Ziel noch ein höheres sein soll, und wenn nicht die enttäuschte Nutzsucht alles Höhere als Täuschung von sich stoßen soll. Wem daher an der Ausbildung des Geschlechtes wirklich etwas liegt, der muß dergleichen Vorspiegelungen von Volksheil und Volksglück und Volksbedürfniß durchaus verabscheuen und muß dem sich betrügenden Volke es nackt heraussagen, daß Englands Gewerbthätigkeit nicht in den Schulen, sein ausgebreiteter Handel nicht in Handlungs-Akademieen, daß sein ganzes gewerbliches und commercielles Dasein nicht in höhern Bürgerschulen zu suchen sei. Man muß es unumwunden aussprechen, daß Katheder und Schulbänke keine gewerblichen und mechanischen Genie's erzeugen, daß die aufgeschlagenen Bücher noch keine geöffneten Handelswege sind; man muß es unverholen sagen, daß die Schule keine Schiffe ausrüsten, keine versagten Producte hervorrufen, kein Silber und Gold graben, keine Quellen des Verkehres, keine Weltmeere öffnen kann. Doch die größte Ursache zum Warnen findet der Freund des Staates und des Volkes in der Isolirung der Stände, welche durch die speziellen Berufsschulen, wie durch die in dem größern Style errichteten höhern Bürgerschulen nothwendig herbeigeführt werden. Wie soll das enden, wenn schon Kinder von acht und neun Jahren nach dem in diesem Alter bereits erwählten Stande auseinander gerissen und in ganz andere Bildungssphären geworfen werden? Standesvorurtheile und Kastengeist wird nun ein recht innerlicher und unauslöschlicher werden müssen, weil man sich von Jugend auf entfremdet hat. Die gelehrte Welt wird sich mit der Bürgerwelt nicht mehr verstehen, sie werden von ihren eigenthümlichen Bedürfnissen nichts mehr wissen, jeder nur seine

Bildung in Anschlag bringen, seine Bedeutung geltend machen. Einer wird klüger und gebildeter und gewichtiger, als der Andere, sich dünken, weil keiner die Leistungen des Andern versteht und erkennt. Wohin soll das führen? Einheit giebt es nur in der Einheit der geistigen Cultur, in der Einheit der Bildung, und nur in dieser Einheit liegt Stärke, Entwicklungskraft, Reifen und Fortschreiten der Nation. Die Bildung nach den verschiedenen Ständen spalten und jedem Stande so recht das Bewußtsein seiner Bedeutung zu steigern und Selbsterhöhung und Verachtung der Mitbürger recht einzuimpfen, das ist gewiß das beste Mittel, die Kraft der Nation zu lähmen und in sie selber den Keim der Zerrissenheit und Spaltung hineinzulegen. Es mag daher wohl als ein gutes Zeichen angesehen werden, daß die höhern Bürgerschulen noch nicht den rechten Eingang gefunden haben, und so darf man vielleicht unbesorgter sein; aber man darf doch dies Moment nicht außer Acht lassen, zumal der, welcher in und mit dem Volke lebt, nur zu gut weiß, wie viel arge Vorurtheile in den Ständen gegen die Stände herrschen. Vielleicht ist diese Ansicht der Sache zu düster, oder räumt den Schulen eine Wirkung ein, die sie nicht haben; wenn jedoch die verheißenen Wirkungen zum Guten, die man aller Orten lesen und hören kann, wenn man die Erfolge für die National-Entwicklung glaubt, wenn man Heil von ihnen erwartet, so müssen sie auch mit demselben Rechte Unheil stiften können, oder sie sind gleichgültige Dinge, die des vielen Redens und Lärmens, das man ihrethalben macht, nicht werth sind. Keineswegs soll durch diese Betrachtungen ein höchst edles Bestreben verdächtigt werden; aber es muß doch die Warnungstafel auch ihren Platz finden, daß man nicht im Erstreben des Edlen auf Irrwegen zu Morast und Sümpfen gelange und dann so das Edle selbst verdächtige und beschmutze. Möglichst muß dahin gestrebt werden, zu vereinen, aber nicht zu zerreißen; man muß versöhnen, wenn wie heute die Selbstsucht der einzelnen Stände an den Wurzeln des Stammes gräbt; man muß mit innern starken Banden an einander zu fesseln suchen, wenn wie heute die Bestrebungen der einzelnen Stände, wenn die Zweige des großen Baumes aus einander gehen und sich nicht mehr gegenseitig Schatten gegen die Hitze und Schutz gegen die Stürme des Lebens geben wollen. Allerdings entwurzelt der Sturm die isolirte Fichte nicht so leicht, als die im Dickicht des Waldes stehende; aber man sehe auch nur die krüppelhafte Gestalt jener und die himmelanstrebende dieser. Im Walde eines Staates ist es nicht anders, das sich selbstsüchtig isolirende Glied setzt sich fest, aber verkrüppelt, und seine Stärke und Kraft besteht blos in unnatürlichen Auswüchsen. —

Allerdings sind diese den Gymnasien parallelen Bürgerschulen nicht die einzigen, welche bis dahin projectirt und versucht sind. Hie und da haben die Gymnasien diese Schulen in sich aufgenommen. Doch die Erfahrungen darüber sind zu neu, und hängt bei solchen Verbindungen zu viel von den Persönlichkeiten und Localumständen ab, als daß sich darüber jetzt schon ein allgemeines Urtheil fällen ließe. Man hat dann die Schüler bis zur Quarta des Gymnasiums durchaus ganz gemeinschaftlich unterrichtet und hat dann neben der Quarta und Tertia zwei Real-Klassen angelegt, welche Klassen dann entweder zum Theil mit den Gymnasialklassen zusammen und zum Theil davon getrennt unterrichtet werden, oder es sind auch diese beiden Real-Klassen ganz für sich unterrichtet worden. Die erstere Art dieser Vereinigung, nach welcher in einigen Lehrgegenständen ein gemeinschaftlicher, in andern ein getrennter, in noch andern ein zum Theil gemeinschaftlicher und zum Theil getrennter Unterricht Statt hat, scheint viel Bedenkliches zu haben, wenn man nicht sehr tüchtige Persönlichkeiten in einer solchen Anstalt voraussetzt; denn schon der Umstand des steten Trennens und Verbindens, des dadurch in die Klassen hineinkommenden Unstäten und Unruhigen, die allmählig sich nothwendig herausstellende Verschiedenheit der Fortschritte beider Abtheilungen, die nothwendig verschiedene Rücksicht, welche doch beide Abtheilungen beim Zwecke des Unterrichts erheischen, das Bedürfniß der Abrundung und des Abschlusses für die Real-Klassen und das des Fort- und Fortentwickelns für die Gymnasialklassen, das vorwaltende reale Interesse — wie gering es auch sein möge — für die eine, wie das wissenschaftliche Interesse für die andere Abtheilung, dies Alles erregt mancherlei Bedenken gegen eine solche combinirende Vereinigung.

Ganz anders ist es schon bei der zweiten Art der Vereinigung, wo die Schüler der Real-Klassen in ganz andern Zimmern und in allen Lehrgegenständen getrennt von den Gymnasialklassen, aber von den Lehrern des Gymnasiums unterrichtet werden. Zwei oder drei solche Klassen neben der Quarta, Tertia und vielleicht der Secunda des Gymnasiums machen dann in dem Gymnasium gleichsam eine kleine Anstalt für sich, haben ihre eigenthümlichen Lehr-Cursen und Lehrgegenstände und Lehrwege. Auch hiegegen ließe sich einwenden, daß dann die Anstalt zu sehr zusammengesetzt, und der Zusammenhang beider zu lose wäre; man dürfe ja dann nur die so ganz innerlich getrennten Anstalten auch äußerlich scheiden, und es würde im Wesentlichen nichts anders sein. Dies kann allenfalls, jedoch nur zum Theil zugestanden werden, denn es sind in diesem Falle der Vereinigung noch dieselben Lehrer, welche die Schüler bis dahin gehabt; es wird die etwanige Pietät erhalten; der Ueberlauf aus einer Schule in die andere, um sich der Sitte und Zucht zu entziehen, ist gehemmt, weil der Flüchtling in die Hände derer wieder fällt, denen er eigentlich entgehen möchte; die Eifersucht der Schulen mit allen ihren trüben Folgen ist gehoben; den Real-Klassen werden nicht blos die schlechten, sondern unter diesen Umständen auch gute Schüler zukommen. Doch es giebt noch mehr Empfehlungsgründe dieser Vereinigung, wie lose sie auch erscheinen möge. Es ist ein Geist, der beide Anstalten durchdringt, und so die wahre geistige Einheit und Versöhnung unter den Ständen hervorruft, erhält und sichert, und der Standesisolirung ist hiedurch vorgebeugt; diese Vereinigung könnte als ein sicheres Schutzmittel angesehen werden gegen die Verflüchtigung der Gymnasien im Gebiete des Idealismus, und noch mehr gegen die zu tiefe Versenkung der Bürgerschule in den groben Materialismus. Nicht minder ist hiedurch auf eine wohlthätige und zweckmäßige Weise der zu frühen und der damit verbundenen fehlerhaften Wahl des Berufes vorgebeugt. Es werden ferner die für beide Anstalten getrennt bewilligten und somit für jede derselben nur ärmlich ausfallenden Mittel nun bei diesem Zusammenwerfen um so wirksamer für das Gedeihen beider sein. Man braucht nicht Bibliothek und physikalische Apparate und Museen aufs Neue zu begründen und für zwei Anstalten zu erhalten, sondern nur noch für die eine gemeinsame zu vervollständigen, und was für die eine dann gegeben wird, oder in ihr vorhanden war, das ist zugleich ein Unterstützungsmittel für die andere, und das Gedeihen beider ist gesichert. Alles wird man vollkommner und doch mit viel weniger als dem Viertel des Kostenaufwandes haben. Ferner ist es nur bei einer solchen Vereinigung für die meisten Communen möglich, auch zu einer höhern Bürgerschule zu gelangen, indem jede andere getrennte Anlegung derselben die materiellen Kräfte bei Weitem übersteigen würde. Nur in einer solchen Vereinigung kann endlich ohne unnütze Geldverschwendung und ohne Gefahr für die eine oder die andere Anstalt die richtige Größe des wahren Bedürfnisses nach einer höhern Bürgerschule in den verschiedenen Städten ausgemittelt werden, indem bis dahin immer täuschende Wahrscheinlichkeitsrechnungen aushelfen und beweisen mußten; denn nun fällt der Grund, der sonst die besseren, aber doch schon für den gewerblichen Stand entschiedenen Schüler im Gymnasium zurückhielt, dadurch ganz und gar hinweg, daß der Schüler nur das Lehrzimmer, nicht aber seine Lehrer wechselt, und somit werden wirklich Alle, welche eine solche Bildung wünschen, ohne alles Weitere in die Real-Klassen übertreten. Zu allem diesem kommt noch der einfache Umstand, daß seit der Zeit, wo in diese höhere Bürgerschule die lateinische Sprache aufgenommen werden soll, gar kein Unterschied zwischen den untersten Klassen beider Anstalten vorhanden ist. Ob man die lateinischen Declinationen und Conjugationen ein Jahr früher oder später will erlernen lassen, das kann unmöglich einen wesentlichen Unterschied begründen. Muß dies einmal gelernt werden, so lerne man es in der Klasse und zu der Zeit, in welcher es am zweckmäßigsten und am leichtesten geschieht, und das würden die Gymnasien vernünftiger Weise doch auch thun; und ist man der Meinung, daß die Bürgerschulen erst noch leichtere Unterrichtsgegenstände vor dem Beginne des Lateinischen abmachen könnten und so zweckmäßiger als die Gymnasien handeln würden, so haben ja diese ganz die nämlichen Lehrgegenstände, und wäre es doch ein ganz eigenthümliches Vorurtheil, wenn sie es dann nicht wie die höhere Bürgerschule machen wollten. Doch der, dem Gymnasium und höhere Bürgerschule nach Lehrplan und Unterrichtsgegenständen nicht unbekannt ist, wird an der vollkommnen Identität der beiden untersten Lehrstufen nicht im Geringsten zweifeln, und nur der Gedanke an das vollendete, abgerundete sechsklassige Gymnasium kann es noch zu einer Lieblingsidee machen, auch eine solche sechsklassige Bürgerschule haben zu wollen. Die Furcht aber, daß die Gymnasien diese ihnen überwiesene neue Pflegetochter sehr stiefmütterlich behandeln würden, die ist nach Obigem vollständig beschwichtigt, denn die Förderung der höhern Bürgerschule liegt im eignen Interesse der Gymnasien; und sollte man dennoch wirklich eine Versäumung dieser Real-Klassen fürchten und besorgt sein, daß man das Erbe der Bürgerschule unterschlagen, diesem die innere und äußere Kraft entziehen und es dem Erstgebornen, dem Gymnasium, zuwenden möchte, so ließen sich doch Veranstaltungen denken, wodurch dieser Befürchtung vorgebeugt werden könnte. Jedoch davon unten ein Mehreres. Wichtiger aber und verneinender für diese Vereinigung wird öfters die Meinung ausgesprochen, als seien die Gymnasiallehrer als solche gar nicht fähig, an einer höhern Bürgerschule mitzuarbeiten, viel weniger noch, sie zu leiten. Solche Befürchtung wie Meinung kann nur aus einer gänzlichen Unkunde der Gelehrten und der Lehrwelt entspringen. Als wenn denn die Gymnasiallehrer den Gymnasien die Richtung gegeben hätten, die dem Volke an denselben nicht gefällt; als wenn sie es wären, von denen irgend eine Umgestaltung zu erwarten wäre, welche sie nur eigenwillig nicht geben und zulassen wollten. Es beruht auch zum Theil auf der ganz falschen Voraussetzung, als wenn die heutigen Gymnasiallehrer noch durchaus dieselbe Gesinnung, Denkweise, dieselbe Bildung hätten, wie die längst verstorbenen Vorfahren; es beruht dies auf dem Mangel an Beobachtung, der es nicht hat gewahren lassen, wie von vielen Gymnasien her den Bürgerschulen das Wort geredet ist, wie die Richtung auf das Reale sich in alle Studien hineingeschlichen und sie durchdrungen hat, wie die kritische Philologie der grammatischen, und wie das enge Studium der altklassischen Sprachen dem sprachwissenschaftlichen Studium den Platz geräumt hat. Kann dies anders sein? Wenn die Richtung auf das Reale, oder wie man sonst dies die Bürgerschulen hervorrufende Streben nennen mag, nicht eine von einzelnen Köpfen ersonnene und somit ephemere Idee ist, sondern wenn es eine unabweisbare Richtung der Zeit ist, dann können doch die Gymnasiallehrer, welche doch auch Kinder und Geburten ihrer Zeit sind, nicht davon ganz allgemein unberührt geblieben sein. Oder sollte es wirklich anders sein, sollten Tausende derjenigen Lehrer, denen die Volksbildung übertragen, denen diese Ziel des Lebens ist, sollten diese von jener Richtung ganz unberührt geblieben sein, so darf man alles Ernstes fragen, ob es denn wirklich mit dieser Richtung etwas zu bedeuten habe, oder ob es nicht vielmehr blos ein temporärer Wahn sei, der die Masse für einen Augenblick bethört hat. Kann man dies aber nach vorliegenden Thatsachen und Erfahrungen nicht mehr ableugnen, dann muß man die Gymnasiallehrer im Allgemeinen — nur in einem andern idealern Sinne — auch mitergriffen annehmen und muß damit einräumen, daß sie nicht minder fähig sein werden, an Bürgerschulen zu unterrichten, als unerfahrene Candidaten, deren Blick sich erst ins Leben richten, und deren pädagogische und methodische Ansicht sich erst entwickeln soll. Daß die Gymnasiallehrer nicht Kaufleute und Landwirthe u. s. w. erziehen können, nicht wollen und auch nicht sollen und nicht müssen, das versteht sich von selbst, denn das kann und muß nur der mit Einsicht und Umsicht versehene Lehrherr. —

So wäre denn, wie es scheint, gegen eine Bürgerschule nichts einzuwenden, welche in ihren beiden untern Klassen mit dem Gymnasium vereinigt wäre und dann in zwei bis drei Klassen parallel ginge neben der Quarta, Tertia und in seltenen Fällen neben der Secunda des Gymnasiums, welche Real-Klassen im Gymnasialgebäude von denselben Lehrern mit denselben Lehrmitteln unterrichtet und nach denselben Prinzipien erzogen werden. Ja bei dem jetzigen Stande der Dinge würde diese Einrichtung gewiß alle Beachtung der Communen verdienen. Ohne allen Zweifel würde die höhere Bürgerschule als Stieftochter des Gymnasiums noch immer besser daran sein, als die verwaiste Schwester, welche für die ärmlich zufließenden und kaum das Leben fristenden milden Gaben auch nun für die niedern Dienste des Lebens, d. h. für alle Stände und Gewerbe und Launen, bereit sein soll. Doch immer noch nicht ist das große Eine dadurch gehoben, daß nämlich noch immer die Gymnasien mindestens in den beiden untern Klassen jene Doppelaufgabe haben und behalten, daß die Ueberladung der Kinder bleibt mit allen den unsäglichen Folgen, und daß somit der Hauptwunsch der Gymnasien noch nicht befriedigt ist. Aber eine so angelegte Bürgerschule hat nach dem jetzigen Stande der Dinge auch noch den gar nicht zu verkennenden Nachtheil, daß die Bürgerkinder, welche das Gymnasium nicht von Sexta ab durchgemacht haben, einer höhern Bürgerbildung gar nicht können theilhaftig werden, und dennoch ist es wohl eine zu gerechte Forderung, daß diese höhere Bürgerschule durch irgend eine Veranstaltung recht eigentlich den Kindern der Bürger geöffnet würde, und so blieben denn immer noch die Vorschläge zu thun, wie die Befriedigung aller dieser Wünsche möglich gedacht werden könnte.

Dritter Abschnitt.

Wie kann der höhern Bürgerschule und dem Gymnasium eine gesicherte Stellung gegeben werden?

Darf nun nach Obigem als dargethan angenommen werden, daß in jeder Beziehung, aber vornehmlich für die Gymnasien die Trennung der höhern Bügerschule von dem Gymnasium wünschenswerth bleibt, so scheint daraus ganz einfach hervorzugehen, daß man denn doch beide Schulen parallel sich gegenüberstellen müsse; in so fern aber die damit verbundenen Nachtheile zu wesentlich sind, und immer noch nicht der Wunsch der Gymnasien befriedigt, und der höhern Bürgerschule keine gesicherte Stellung gegeben werden konnte, so ist die Nothwendigkeit einer anderweitigen Gestaltung des Schulwesens, als sie bisher gewesen ist, dadurch ganz von selbst bedingt. Bevor jedoch die Vorschläge selbst gemacht werden können, muß erst klar sein, worin der Unterschied zwischen Gelehrten- und Bürgerbildung bestehe, um darnach den Gesichtspunkt festzustellen, nach welchem die Schulen zu organisiren sind. Bisher wurde in dem preußischen Staate der Gesichtspunkt festgehalten, daß man Menschen- und Bürgerbildung zugleich erreichen will, und dieser soll und muß festgehalten werden. Die scheinbar vernachläßigte Bürgerbildung hat in dem christlichen Prinzipe ihren Grund, daß man den Menschen, den christlichen, über den Bürger, den gewerbthätigen, nicht vergessen müsse, daß man nur erst nach dem Höhern trachten müsse, indem uns dann das Niedere von selbst zufallen werde. In diesem Gedanken hat auch das Widerstreben einzelner Männer gegen die höhere Bürgerschule seinen Grund. Wenn nun aber andrerseits auch wiederum nicht geleugnet werden kann, daß der Mensch als irdisches Wesen seinen höhern Beruf nur erfüllen könne in der tüchtigen Betreibung des irdischen; wenn nur der ein wahrhaft christliches Leben führen kann, der in seinem Kreise das ganz ist, was er sein soll; wenn der Mensch nur dann kein Sclave seines Berufes ist, wenn er neben der allgemeinen christlichen und menschlichen Bildung Herr aller der Kenntnisse und Fertigkeiten ist, welche sein Wirkungskreis von ihm fordert; wenn der nur auch im niedrigsten Dienste noch menschlich frei ist, welcher schöpferisch in diesem Dienste auftreten kann; wenn sogar eine höhere geistige Befähigung — davon ist die christliche Bildung noch sehr verschieden, — wenn eine geistige Ausbildung über die Anforderungen seines Berufes hinaus ihn nicht selten unglücklich, unzufrieden, zu einem lästigen, dem Staate undienlichen, ja schädlichen Mitbürger macht; wenn eine angefangene, halb vollendete, nicht bis zur philosophischen Höhe erhobene und in sich selber Befriedigung bietende Bildung nur Kräfte aufregt, ohne sie zu beschäftigen, und eine Richtung giebt, die nicht in das Bett des Berufslebens mündet und mit dem Strome des Lebens zusammenfließt und so nur unstäte Geister, unruhige Krittler und Weltverbesserer erzeugt; wenn die Halbheit einer Bildung viel fürchterlicher ist und schon wurde, als die Unwissenheit: so bedarf es doch wirklich einer recht ernstlichen Erwägung, wie Bürger- und Gelehrtenbildung sich zu einander verhalten, und ob sie wirklich auf demselben, oder auf verschiedenen Wegen zu erreichen sind; es bedarf der Ablegung aller vorgefaßten Meinungen, um nicht lange gehegten und so schädlichen Irrthümern noch weiter Vorschub zu leisten. — Die Gelehrtenbildung halten wir nur mit der Universität abgeschlossen und mit dem Gymnasium nur begonnen; sie ist so angelegt, daß sie noch nothwendig eine höhere philosophische Einigung voraussetzt für die Zukunft; das Gymnasium spinnt nur Fäden, aus denen die Universität erst das ganze Gewebe bereitet. Der künftige Geschäftsmann kann bis auf wenige Ausnahmen nicht einmal das Gymnasium, geschweige denn die Universität durchmachen, und so wird er nun nothwendig ein halber Mensch. Man halte sich doch nur überzeugt, daß unsere schlimmste Dämagogie in gewissen Ständen steckt, die ein Stückchen von der alten und neuen Welt, von der alten und neuen Bildung in den Gymnasien geschmeckt haben, und die nun den Staatstisch servirt wünschen mit allen den gut schmeckenden Brocken, die aber nicht wissen, daß das Salzige und Süße in ihrer Vereinigung den widerlichsten Geschmack hervorbringen, und die auch dies zu begreifen unfähig sind. Doch wozu Allbekanntes wiederholen; unser ganzes Leben hat ja eine Halbheit, die viel beginnt und beim Beginnen schon an einen Umtausch des Begonnenen denkt, und die im Zuvielwollen doch nichts Rechtes hervorbringt. Diese Ganzheit wieder hervorzurufen, eine erhöhte, nach einer bestimmten gesicherten Richtung fortstrebende Thätigkeit zu begründen und so dem unseligen Jagen und Haschen ein Ziel und dem Leben einen Frieden zu geben, das muß ein Hauptziel des Strebens sein, und dies ist nur erreichbar, wenn man nicht mehr Jeden für Alles ausbilden will. Bürger- und Gelehrtenbildung muß man daher zunächst scheiden, nicht, um den Kastengeist zu nähren und zum Unheil der Staaten hervorzurufen, sondern um tüchtige Bürger und tüchtige Gelehrte zu bilden, welche sich aber vollkommen zu verstehen und gegenseitig zu würdigen befähigt sind. Wie sie aber zu unterscheiden sind, das ist in Wenigem und mit nackten Begriffen nicht wohl zu sagen, indem sie beide die Einheit, nämlich Menschenbildung, als Hauptziel behalten müssen. In der äußern Auffassung erscheinen sie für die Begriffswelt so geschieden, wie Gedanke und That, und die beiden Stände, Gelehrten- und Bürgerstand, treten im Gebiete der Bildung so auseinander, daß der Gelehrtenstand der Producent, und der Bürgerstand der Consument der Bildung ist; was jener auf dem Gebiete des Geistes geschaffen, das soll dieser genießen. Ein Schaffen, Anbauen, Erweitern ist nur dem möglich, der mit dem Fundamente und der Quelle bekannt ist, aus der die Bildung ihren Ursprung nahm. Wenn nun unsere ganze Bildung auf altklassischem Boden aufgebaut ist, dort ihr Fundament hat, so muß der Vollender des Baues immer dahin zurückgeführt werden. Die Kenntniß des Alterthums ist gewissermaßen der Kanal, die Ader, durch welche der reifenden Frucht Nahrung zugeführt wird. Sind diese Adern verstopft, so verwelkt die Frucht und fällt ab. Denen also die Förderung unserer Bildung überwiesen ist, denen ist die Kenntniß des Alterthums erste Bedingung; der Gelehrtenstand, d. h. derjenige, welcher zu seinem Berufe eine hinlängliche Vorbereitungszeit und in demselben hinlängliche Muße vom Tagesgeschäfte behält, der kann sich allein und muß sich darum auch zu dieser Aufgabe befähigen. Der Gelehrtenstand will und soll die Gegenwart aus der Vergangenheit begreifen und sie mit diesem Verstehen derselben weiter fördern. Ganz anders steht es mit dem Bürgerstande. Er will theilhaft werden einer Cultur, die er die nationale nennen darf; er will nicht selber schaffen, sondern das Geschaffene genießen; er will nicht durch seinen Fleiß die Cultur, die geistigen Produkte der Nation mehren, sondern durch diese will er seine menschliche Thätigkeit fördern, verschönen, veredeln. Ihm liegt nichts daran zu wissen, wie ein Göthe und Schiller und Klopstock sich zu den Höhen hinaufgeschwungen, er will nur die Höhe sehen und erkennen können, um von ihr die schöne Aussicht ins Leben zu gewinnen; er will nicht Wurzel und Stamm der Bildung analysiren, sondern an der Blüte will er sich ergetzen, an der Frucht sich laben; er will den Bildungssaal nicht schmücken helfen, sondern mit sinnigem Gefühle für das Schöne in denselben eintreten können. So will denn die Bürgerbildung die Gegenwart begreifen, nicht aus der Vergangenheit her sie analysirend, sondern sie blos so weit — von Seiten des Herzens — begreifen, um sich in ihr heimisch zu fühlen. Man wird dies hier nicht so verstehen können, als wenn die Gegenwart hier die einzelnen Tagesbestrebungen des gewerblichen, commerciellen und politischen Verkehrs bezeichnete, vielmehr ist Gegenwart hier der gesammte geistige Culturzustand der Nation, gerade das Dauernde, das Bleibende der Gegenwart, nicht das in ihr Bewegliche, Werdende. Die Bürgerbildung soll das Wahre und Ewige der Gegenwart hervorheben und zum Bewußtsein bringen, um so eben dem wüsten wilden Treiben der heutigen Welt, der Cultur einen innern Halt in der Nation selber entgegenzuhalten. Eine solche und nur eine solche Bildung sucht das Volk, und sie muß ihm gegeben werden. Der Gelehrtenstand soll somit der Gärtner, der Pflanzer sein, der Bürgerstand der Herr; in den Garten, den jener mit kunstverständiger und kunstgeübter Hand angebaut hat, soll dieser mit kunstgeübtem Sinne, mit Geschmack und verständigem Blicke eintreten, sich an den Schönheiten mit Bewußtsein laben, ohne darum selber die Gärtnerkunst erlernt zu haben. Nur ein so ausgebildeter Bürger, der das Gewonnene zu genießen und zu würdigen versteht, nicht aber der, welcher in die zugehörigen Wissenschaften hineingepfuscht hat und sich nun einbildet, er werde es eben so gut und leicht noch besser machen können, nur ein solcher Herr wird den Gärtner achten, ihn unterstützen und Forderungen zur Verschönerung bewilligen; nur durch eine solche Bildung wird man das Volk glücklich machen und den Gelehrtenstand wieder zu Achtung bringen, und nicht dadurch, daß man das Volk auch ein Stückchen von dem rauhen Wege der Gelehrsamkeit durchwandern läßt, was bis jetzt mindestens nichts weiter gefruchtet hat, als Ekel, Widerwillen und Haß dagegen zu erregen.

Es entsteht nun aber auch hier die oft aufgeworfene und meist verneinte Frage: ob eine solche Bildung gegeben werden könne ohne durch das Mittel der alten Sprachen. Die diese Frage mit Ja beantwortet haben, mußten sich oft den Vorwurf zuziehen, als hätten sie blos das Tagesbedürfniß im Auge. Um jedoch nicht Altes zu wiederholen, wollen wir nur hier einige ganz allgemeine Betrachtungen anstellen. Wenn es nämlich eine Aufgabe von Gott ist, daß der Mensch sich bilden solle, und wenn die Ableitung dieses Zweckes von Gott her nicht blos eine hergebrachte Redensart ist, so verträgt es sich nicht mit der Idee der höchsten Weisheit und steht mit den anderweitigen göttlichen Veranstaltungen im grellsten Widerspruche, wenn Gott nicht hier für den höchsten Zweck seiner Geschöpfe, wie doch sonst immer, die Mittel zur Verwirklichung so nahe wie möglich und so reichlich wie sonst geboten haben sollte; es ist unmöglich, daß Gott dem Menschen den Zweck der Ausbildung habe anweisen können, ohne ihnen die Mittel so nahe zu legen, daß sie durch diese Bildungsmittel selber auf ihren Zweck geführt werden mußten und somit denselben nicht verfehlen konnten. Ja man könnte fragen: Wie kann der reiche und weise Vater uns unsre Bildungsmittel in Schutt und Asche vergraben lassen? Er mußte uns ja wohl in diese Bildungsmittel versenken, wie den Geist in das Fleisch, und der Geist mußte durch das Mittel zu seiner Richtung und zu seinem Ziele gedrungen werden. So ist es aber auch. Dieses reiche, unerschöpfliche Bildungsmittel, dieses Buch, was Gott geschrieben, das ist die Natur. Auch kann man alles Ernstes versichert sein, daß die Griechen aus dem sinnigen und ungetrübten Betrachten der Natur ihre Bildungshöhe und Bildungsreinheit erlangt haben, und unmöglich kann man annehmen, daß die spätern Geschöpfe weniger Bildungsfähigkeit erhalten haben sollten; auch können wir nicht zugestehen, daß von Natur aus unsere Sinne zu blöde und stumpf wären, und wir also erst immer durch die Brille eines andern Volkes sehen müßten. Sollte aber alles Ernstes unser Auge vom steten Gebrauche einer solchen Brille schon so verdorben sein, daß wir nichts mehr zu lesen glauben, und sollten jene Typen, die lebendigen, uns nicht erregen und dem erblödeten Auge unsichtbar bleiben, so gilt es als höchste, heiligste Aufgabe, den Sinn dafür wieder zu öffnen und uns so der Gottheit wieder näher zu bringen. Auch der Einwand, daß man nun einmal mit unserer Bildung auf einem historischen Grunde ruhe, und ohne diese Kenntniß der historischen Entwickelung dieselbe nicht erfaßbar sei, fällt weg, wenn man hier nur beweisen und untersuchen will, ob man ohne diese historische Auffassung zum Genießen derselben befähigt werden könne. Daß dies aber möglich sei, das beweisen doch heute schon gar viele Personen, die ohne die sogenannte Gelehrsamkeit viele Gelehrten beschämen; es beweisen Musiker, Maler, Dichter, welche uns Ideen mittheilen und den Sinn uns aufschließen und das Herz, den Verstand ergreifen, ja interpretiren ohne alle Grammatik und Etymologie. Doch wozu des vielen Redens, es giebt einen Bildungsgrad ohne Kenntniß der Alten, welcher recht wohl unsere Cultur versteht und sich heimisch in ihr fühlt. Wäre es nicht der Fall, nun dann gehörte unsere nationale Cultur nur den Gelehrten an, denn die Brocken von der alten Welt, mit welchen unsere Jugend in den Gymnasien gespeist wird, können ihnen keine solche Bildung geben, wenn nicht eine Fortentwickelung durch das Universitätsstudium und die philosophische Ausbildung hinzukommt. Man muß dann jede Volksbildung im höhern Sinne des Wortes aufgeben, wenn es keine ohne das Mittel der alten Sprachen giebt, denn dieses kann nur der Gelehrte vom Fach erreichen. Ein jeder Andere, der auch noch zu einem anderweitigen Lebensberufe sich vorbereiten muß, hat nur formalen Gewinn vom Lernen der alten Sprachen, und der kann auch auf einem andern fruchtbarern Wege eben so vollkommen erreicht werden. Es ist mindestens nicht wohl glaublich, daß die Kenntniß einiger Bücher des Cäsar und Ovid und, wenn es hoch kommt, einiger Bücher des Livius und Virgil einen so großen Gewinn bringen sollte, daß dadurch der unsägliche Kraft- und Zeitaufwand aufgewogen werden könnte. Doch das behaupten die Gegner, und damit ist denn natürlich der Streit bis zu einem Ja und Nein und muß darum ganz auf sich beruhen. Doch aber muß noch zur Beherzigung erinnert werden: Kann nicht die Bildung des Bürgers durch die alten Sprachen bis zur Vollendung so weit gebracht werden, daß sie ein anschauliches Bild vom Leben derer erhalten, die in dieser Sprache dachten, so ist es sündlich, ihn auf rauhem Wege durch die Jugend hindurchzuschleppen und ihn dann mitten auf dem Wege stehen zu lassen und ihn seinem guten, oder bösen Geschicke anheim zu geben, zumal doch sein künftiger Lebenspfad oft rauh genug ist, so daß es wohl noth thut, ihm durch seine Jugendbildung einen Wanderstab in die Hand zu geben, auf den er sich stützend die Schwierigkeiten überwindet, an den gelehnt er auch einmal ausruhen und einmal den Blick in die ihn umgebende heitere körperliche und geistige Natur zu seiner Erquickung richten könne. Es ist gefährlich, dem künftigen Bürger eine Richtung aufzudringen, die er nicht verfolgen kann, und eine Sehnsucht in ihm zu erwecken, die in seinem ganzen Leben keine Befriedigung findet. Doch wie viel ließe sich hier noch sagen und klagen. Da indessen hier immer nur aus Prinzipien gestritten werden kann, und da man jedem Streiter, der nicht durch die alten Sprachen gebildet ist, vorwirft: er verstehe das nicht, und dem, der mit Kenntniß derselben ausgerüstet ist, zuruft: du weißt nur nicht, wie dem zu Muthe ist, der nichts von alten Sprachen weiß; da man sich auf hundertjährige Erfahrungen, die sich bis jetzt bewährt haben, beruft, und da man keine anderen Erfahrungen zu machen Gelegenheit gegeben hat; da man alles Gute der Zeit auf die Stirn der altklassischen Bildung und alles Schlechte derselben auf — wer mag wissen, warum — die Rechnung des Lebens schreibt: so ist hier bis jetzt gar kein anderer Ausweg, als daß Jeder dreist seine Meinung ausspricht, und daß man dann die Stimmen zu zählen beginnt und sie wie Codices nach ihrer Gewichtigkeit classifizirt. So möge denn auch hier die in dem Leben gewonnene, aus den Schulerfahrungen bestätigte und durch Selbsterfahrung vergewisserte Ansicht nackt ausgesprochen werden, daß es eine höhere Bürgerbildung in dem edelsten Sinne des Wortes geben muß, welche ohne Kenntniß der alten Sprachen gewonnen werden kann und muß, und damit ist denn die innere Nothwendigkeit, eine innere Trennung der beiden Schulen anzuordnen, auch mit behauptet, woran noch immer Viele zu zweifeln scheinen.

Der bei den Schulorganisationen festzuhaltende Gesichtspunkt wird also sein: 1) Jede Schule muß eine Allgemeinbildung, jedoch so geben, daß sie die für die Berufsbildung nothwendigen wissenschaftlichen Elemente mitgetheilt hat, und 2) der Bildungsstoff muß ein solcher sein, daß er durch das ganze Berufsleben sich als nothwendig hindurchzieht und so bildend fortwirkt; die Schulen müssen ferner ein bestimmtes abschließendes Ziel haben, um in einem gewissen Bildungskreise ein Ganzes zu geben, worauf eine höhere Bildungsstufe sich stützen, und von wo aus die Entwickelung weiter schreiten kann; 3) die Schulen müssen so spät wie möglich sich erst trennen, damit die Entscheidung zum Berufe so spät wie möglich, aber doch auch wieder noch früh genug geschehen könne; 4) die Schulen müssen eine möglichste innere Verwandtschaft zu erstreben suchen, um nicht eine Kluft zwischen den verschiedenen Ständen auszubilden, um vielmehr den Grund zur Fortbildung des herangewachsenen Geschlechtes zu legen; endlich 5) muß die Schule nicht mit einer Menge von Gegenständen überladen, und die in sie aufgenommenen Gegenstände müssen nicht in zu weiter Ausdehnung gelehrt werden, sondern es muß nur das erlernt werden, was als Element zur Fortschreitung einen bleibenden Werth hat; alles übrige Material des Wissens muß nur als Uebungsstoff für den Geist angesehen und so behandelt werden.

Die erste dieser Anforderungen ist eine allgemein anerkannte, und ohne die Rücksichtnahme auf die zweite ist sie wohl bisweilen zu weit ausgedehnt worden, während denn auch wieder die zweite ohne Rücksicht auf die erste unsere Schulen schon oft hat zu bloßen

Exercirhäusern fürs bürgerliche Gewerbe machen wollen. So haben die Gymnasien jene erste Aufgabe festgehalten, aber den Plan so weitläuftig angelegt, während die Bürger- und namentlich die Spezial-Schulen dieser zweiten Forderung eine viel zu einseitige Deutung geben wollten. Die dritte Forderung ist schon in Obigem genug besprochen, und der zu frühen Entscheidung zum Berufe, wie der Trennung der Stände, kann heutigen Tages nicht genug entgegengesteuert werden. Nur so können sie aber den Grund zur Fortbildung des heranwachsenen Geschlechtes legen. Je Mehre in der Jugend eine gemeinsame Bildung genossen haben, desto leichter werden sie sich im Leben nähern und hier ihre Erfahrungen austauschen, und so Einer dem Andern Lehrer und Schüler zugleich werden, wenn nur die Schulbildung ihnen eine innere Verständigung bereitete. Man halte diese Ansicht nur nicht für zu ideal und bedenke nur, daß ein ächt christlicher Staat doch nicht blos die Aufgabe hat, die Jugend, sondern vielmehr das ganze Geschlecht zu erziehen. Man kann doch auch nicht annehmen, daß der große Kosten- und Kraftaufwand, den die Jugendbildung erheischt, nur eine Wirkung äußere auf die Zeit, in welcher derselbe verwandt wird, und daß es einer Regierung gleichgültig sein dürfe, was aus dem herangewachsenen Staatsmitgliede werde, wenn nur das heranwachsende gedeihe. Auch der ausgewachsene Baum trotzt nicht allen Wetterveränderungen, wie gut und kräftig er auch aus der Baumschule her an die Straße des Lebens verpflanzt sein mag. Doch die Sache steht auch erfahrungsmäßig in Preußen fest, daß man von dem höhern und niedern Staatsbeamten eine Bildung fordert, die weit über das Maaß der Kenntnisse hinausreicht, welche zu diesem oder jenem Amte nothwendig erforderlich sind. Hierin kann man nur Bildung der Menschheit als letzten Zweck sehen. Der Staat will nicht blos Staatsdiener, sein Jurist soll nicht blos Rechtsprecher, sein Geistlicher nicht blos Sakramentsreicher sein, sondern sie sollen im Volke als die Auserwählten dastehen, von denen aus die in den Schulen gepflegte und gepflanzte Bildung ausströmen soll in die verschiedensten Verzweigungen des Volkslebens, sie sollen in ihren Aemtern nicht blos Sclaven sein, sondern, durch ihre Bildung frei geworden, sollen sie als die Bildner des herangewachsenen Geschlechtes wirken. Soll dies hohe christliche Ziel erreicht werden, dann muß allen Schulen ein gemeinsamer Bildungsstoff geboten werden, damit sich die Stände verstehen können, und zwar muß dieser Stoff ein solcher sein, der das Kind, den Mann, den Greis, den Gelehrten und den Bürger auf gleiche Weise immer umgiebt, von dem er nicht loskommen, den er nicht vergessen kann, ja der ihn, wenn er einmal erkannt ist, zur Fortbildung dringt. Die letzte jener allgemeinen Forderungen ist schon hinlänglich als nothwendig in den frühern Abschnitten dargethan, in so fern die Uebel der Nichtbeachtung schon hinlänglich ausgesprochen sind. Und so mögen denn nun die Vorschläge folgen, welche als geeignet erscheinen möchten, um allen den Anforderungen zu genügen. —

Die im Werden begriffene höhere Bürgerschule bietet in ihrer Organisation die größte Schwierigkeit dar, und so möge sie hier voran stehen. Hiebei ist nun aber von selbst einleuchtend, daß von dieser Organisation der Stand der Volksschule gar nicht ausgeschlossen werden kann, ja die Volksschule muß nothwendig als eine Basis der höhern Bürgerschule angesehen werden, wenn das Schulwesen einen innern Zusammenhang behalten und so die Gewißheit einer gesicherten stufenweisen Fortschreitung gewähren soll. Wie im Volke eine zusammenhangende Kette von diensthuenden Handwerkern, Fabrikanten, Künstlern sich darstellt, so muß diese Kette auch in den Bürgerschulen hervortreten. In so fern sich aber das bürgerliche Leben in die rein mechanischen und künstlerischen – schöpferischen könnte man sagen, in so fern man damit diejenigen einschließt, welche eine wissenschaftliche, obwohl nicht philosophische, Vorbildung verlangen — sondert, so muß auch die Volksschule zwei solche Hauptabschnitte haben. Mag die erste Abtheilung, zur Bildung der mechanischen Gewerbsleute bestimmte, oft wohl so genannte Volks- oder auch Mittelschule, eine allgemeine Landesschule genannt werden, während die höhere, das künstlerische Leben ausbildende Abtheilung die höhere Bürgerschule heißen mag. Vor der allgemeinen Landesschule geht noch die Elementarschule vorher. Den Namen mag man darum gewählt halten, weil nach unserer Ansicht alle Schüler, sie mögen nun ins Gymnasium und so zu den Studien, oder zur höhern Bürgerschule übergehen wollen, diese allgemeine Landesschule durchmachen müssen. Demnach muß diese allgemeine Landesschule eine allgemeine Bildung so geben, daß sie in sich etwas Ganzes, Abgeschlossenes, aber auch zugleich die wissenschaftliche Basis zur weitern Fortschreitung in der Bildung darbietet; sie muß die Bildung des niedern, mechanisch thätigen Bürgers vollenden und doch auch eine Vorschule für das Gymnasium und für die höhere Bürgerschule sein. So muß denn in ihr nichts gelernt und gelehrt werden — vielleicht in einigen Nebenstunden ausgenommen — was nicht in der höhern Bürgerschule, wie im Gymnasium, benutzt und als schon gelernt vorausgesetzt werde. So kann denn natürlich auch die Construction einer höhern Bürgerschule, wie die des Gymnasiums, nicht ohne die der allgemeinen Landesschule gegeben werden, weil kein Schüler Mitglied der höhern Bildungsschulen werden kann und darf, der nicht die Bildungsstufe jener Schule erreicht hat. Wenn nun aber die allgemeinen, durch alle Schulen sich hindurchziehenden Bildungsmittel und Bildungsstoffe nur Muttersprache und die Natur sein können, wozu Religion noch hinzukommt, die man jedoch nicht für ein Bildungs*mittel* halten muß, sondern die als solche eben Bildung ist, so ist hiemit zugleich der allgemeinen Landesschule ihr Charakter aufgedrückt. Es sind damit zugleich auch die übrigen Gegenstände bedingt, und deren Sphäre ist dadurch abgesteckt, denn diese müssen sich nur an jene Strebepfeiler anlehnen, sie halten, tragen und verschönen. Um aber die örtlichen Elemente zur Schul-Construction vorauszusetzen, werde hier eine

Stadt gedacht, welche wie die Hauptstädte der Provinzen so ziemlich alle bürgerlichen Elemente enthält, ohne doch auch wieder die davon wesentlich verschiedenen und eigenthümlichen Gestaltungen einer Hauptstadt zu bieten.

Die Elementarschule nimmt die Kinder vom sechsten bis neunten Jahre auf in drei Bildungsstufen; ihre Aufgabe ist:

alle Elemente, welche zum Unterrichte nothwendig sind, den Kindern zu bieten.

Man rechnet dahin Lese=, Sprech=, Schreibe=, Zählfertigkeit. Sie ist nur eine Vorschule und will nichts abschließen, sondern nur einleiten und eine Basis der Fertigkeiten gewinnen, mit denen der Unterricht fortschreiten kann. Jeder Unterricht wird außer der Lesefertigkeit und dem Zählen durchaus anschaulich sein müssen, und alle diese Anschauungen müssen dahin abzielen, die Sprechfertigkeit zu üben; es muß ein stetes Uebersetzen des Geschauten in die Sprache vorgenommen werden, um die Anschauung gleichsam zum deutlichen Bewußtsein zu bringen. Doch über die Elementarschulen irgend etwas hinzuzusetzen, ist überflüssig, da diese Schulen, wenn auch nicht immer im Leben, so doch in Büchern hinlänglich construirt sind. Wenn die Kinder nun lesen, zusammenhangende Wörter schreiben und die vier Spezies mit ganzen Zahlen rechnen können, so nimmt sie

die allgemeine Landesschule auf, und in dieser werden sie vom neunten bis zum zwölften, dreizehnten oder — welche keine Schule weiter zu besuchen gedenken — vierzehnten Jahre aufgenommen und so ausgebildet, daß die Bildung des Handwerkers als eine abgeschlossene angesehen werden kann, und daß die Elemente zu einer höhern wissenschaftlichen Ausbildung vorbereitet und eingeprägt sind.

Sie ist nur Knabenschule, während in der Elementarschule noch Knaben und Mädchen zusammen unterrichtet werden. Auch sie zählt drei Klassen, und in diesen Klassen muß

a) die Muttersprache, d. h. die deutsche Grammatik, ganz durchgemacht sein, so daß eine vollständige Einsicht in den Bau eines Satzes und aller seiner einzelnen Glieder erzielt ist, und das ganze grammatische Gebäude vorliegt. Darstellungen eigner Gedanken sind nur in der ersten Klasse zulässig; Darstellungen von Anschauungen oder anderweitig mitgetheilten Stoffen sind allenfalls schon hin und wieder in der zweiten Klasse zulässig.

b) Ein Zweig der Naturlehre muß ganz und so durchgemacht sein, daß die Knaben sich nach und nach zu einer systematischen Kenntniß erhoben haben; es eignet sich am natürlichsten dazu die Botanik.

c) Das Rechnen muß die praktischen Rechnungszweige umfassen, soweit sie nicht so complizirte Verhältnisse betreffen, welche der Geist der Knaben nicht zu fassen vermag, und muß in diesem Rechnen die größte Fertigkeit erzielt werden.

d) Geographie muß das Bild der Erde und ihrer Hauptttheile eingeprägt und die politische Geographie von Europa und namentlich auch die Statistik des preußischen Staates behandelt haben.

e) Raumgrößenlehre muß so weit hinaus getrieben werden, als sich die Wahrheiten **unmittelbar aus einfachen** Constructionen erkennen lassen, und davon darf die Körperlehre nicht ausgeschlossen werden.

f) Geschichte giebt charakteristische Züge aus der Weltgeschichte und die Spezialgeschichte des Vaterlandes in der letzten Klasse.

g) Religionsunterricht umfaßt die Bibelkenntniß und Sitten- und Glaubenslehre der Kirche, nalürlich dem Entwicklungsstande der Kinder angemessen.

h) Die Schreibfertigkeit wird ganz erreicht, und

i) das Zeichen hat als Endziel den Anfang des perspectivischen und des Maschinen-Zeichnens.

Damit man die Möglichkeit übersehen könne, theilen wir hier den Lectionsplan dieser allgemeinen Landesschule mit und wollen dann hinterher die Cursen in den einzelnen Lehrgegenständen näher bezeichnen. Hergebrachter Weise heiße die unterste Klasse Tertia (III.), und so hinauf. Der Cursus in der IIIa. und IIa. ist halbjährig, jedoch wird es bei der leichten Vergeßlichkeit solcher Kinder nothwendig, die Sache selbst so anzulegen, daß die Kinder darin mit Nutzen ein Jahr verweilen können, d. h. die Hauptsachen, also das wirklich Einzuprägende, sollen in beiden halben Jahren vorkommen, aber die ganze Art der Entwickelung muß in dem zweiten halben Jahre eine andere als im ersten sein. Der Lehrer soll nicht im zweiten halben Jahre das Pensum des vorangehenden repetiren, sondern er soll es zum zweiten Male die Kinder, aber auf einem andern eben so elementaren Wege durchwandern lassen. Die durch den Unterricht zu gewinnenden Resultate an Begriffen, Definitionen u. s. w. müssen aber durchaus immer dieselben sein, so wie die Begriffe und Definitionen, von denen der Unterricht ausgeht, auch durchaus immer dieselben sein müssen, nur der Weg der Entwickelung, das Mittel, soll ein anderes sein. Der Cursus der I a. ist ein- oder auch anderthalbjährig, so daß ein Knabe in der Klasse mit Nutzen zwei oder drei Jahre verweilen kann.

Lectionsplan für die allgemeine Landesschule.

	III.		II.		I.	
Religion . . .	3	Stunden	3	Stunden	2	Stunden
Deutsche Sprache und Lesen . .	8	—	5	—	5	—
Naturgeschichte .	2	—	2	—	2	—
Geographie . .	2	—	3	—	3	—
Raumlehre } . .	2	—	2	—	3	—
Zeichnen }			3	—	4	—
Rechnen . . .	5	—	4	—	3	—
Schreiben . . .	5	—	2	—	2	—
Geschichte . . .	:	—	2	—	2	—
Gesang	1	—	2	—	2	—

Der Lehrstoff würde am Zweckmäßigsten so vertheilt werden:

Religion in III a. Biblische Geschichte des Alten Testaments; in II a. biblische Geschichte des Neuen Testaments; in Ia. die Catechismus-Lehre. Die jüdische Geschichte wird forterzählt nach ihren Hauptzügen bis zur Erscheinung Christi, und an die biblische Geschichte des Neuen Testaments wird eine kurze Geschichte der Ausbreitung des Christenthums angeschlossen. In der Ia. werden zwei Stunden darum ausreichen, weil die ins Leben übergehenden Knaben in dieser Klasse den Religionsunterricht bei den Predigern haben werden, denn sie werden meist in dieser Schule bis zur Confirmation verweilen, und weil die andern ja noch in den höhern Schulen einen fortgesetzten Religionsunterricht haben.

Muttersprache in IIIa. Ein vorbereitender Lehrgang, der das ganze Gebiet der Grammatik übersichtlich durchgeht und das Kind übt, auf die Sprache zu reflectiren. In IIa. Wortformenlehre und Etymologie, in Ia. Wortfügung oder Syntax. In den beiden ersten Klassen herrschen mündliche Uebungen, in der letzten, in Ia., schriftliche Uebungen vor. Am Bestimmtesten wird man erkennen, was hier gemeint sei, wenn man vergleicht: Kleine Deutsche Sprachlehre für Volksschulen, von F. H. G. Graßmann, Berlin. Reimer, 1835, welches ein selbstständiger Auszug aus dem größern Werke desselben Verfassers ist: Sprachbildungslehre für Deutsche, 3 Theile. Berlin. Reimer, 1828—30.

Naturgeschichte in IIIa Beschreibung einzelner Pflanzen zur Uebung der Beobachtungsgabe und zur Einübung der Terminologie; auch kann man einzelne Thiere eben so beschreiben lassen. In IIa. Fortsetzung dieser Beschreibungen und die daraus nach und nach entwickelten Klassificationsgesetze des Pflanzenreichs. In Ia. systematische Erkenntniß des Pflanzenreichs. Die Winterhalbenjahre werden sich allerdings meistentheils mit Kupferwerken begnügen müssen. In der Ia. kann ein halbes Jahr, oder ein Vierteljahr dazu benutzt werden, eine allgemeine Uebersicht über das Naturreich zu geben, wobei man natürlich charakterisirende Individuen der Gattungen muß vorzeigen können aus dem Museum, dessen weiter unten gedacht werden soll.

Geographie in IIIa. Allgemeine Vorbegriffe und ein Ueberblick über die Erde. Es kommt nur darauf an, ein klares Bild derselben hervorzurufen, und wird daher nur der Globus gebraucht werden dürfen; in IIa. die erweiterte Darstellung der Erde, physikalische Geographie, vornehmlich aber die außereuropäischen Welttheile umfassend. In Ia. Geographie von Europa, mehr politisch, mit besonderer Rücksicht auf das Vaterland.

Raumlehre bleibt in IIIa. mit dem Zeichnen verbunden, sie ist combinatorisch und sieht noch von Größenverhältnissen ganz ab. Um jedoch hier ohne viele Worte das zu Lehrende bezeichnen zu können, wählen wir hier lieber das zum Grunde zu legende Werk: Raumlehre für die untern Klassen der Gymnasien und Volksschulen. Berl. b. Reimer 1817 und 24. In der IIIa. soll der erste Theil, in IIa. der zweite Theil von Seite 61—161, und in Ia. derselbe Theil bis zu Ende durchgemacht werden.

Rechnen. Wenn die 4 Spezies mit ganzen unbenannten Zahlen abgemacht sind in der Elementarschule, so würden wohl zunächst diese Spezies für benannte Zahlen folgen müssen, wobei denn die Verhältnisse der Maaße und Gewichte zur Sprache kommen müßten. In der IIa müßte erst die Bruch- und Proportionsrechnung vorgenommen werden; mindestens diese letztere, während die erste vielleicht auch schon in IIIa. vorgenommen werden dürfte; jedoch müßten beide Rechnungsoperationen sich durchaus Eingangs auf das im zweiten Theile der oben gedachten Raumlehre S. 1 — 60 Mitgetheilte stützen, damit sich auch hier die Unterrichtszweige gegenseitig in die Hände arbeiteten. In der Ia. würden die mehr zusammengesetzten Rechnungsarten durchgemacht.

Zeichnen wird in IIa. in enge Beziehung zum naturhistorischen Unterricht gesetzt.

Schreiben wird in IIIa. bis zur Fertigkeit erhoben, ein Dictat nachzuschreiben; in IIa. und Ia. muß es den Schülern zu einem sogenannten deutschen Secretär verhelfen, so daß das Zeichnen- wie das Schreibebuch für den Schüler einen bleibenden Werth behält, ein Umstand, der von pädagogischer Seite nicht genug berücksichtigt werden kann. Bleibt Zeit in den Schreibestunden, so mag sich der Schüler auch ein Rechenbuch schreiben.

Geschichte wird nur erst in IIa. vom Religionsunterrichte getrennt und behandelt hier die Sache rein biographisch; in Ia. wird die Geschichte des Vaterlandes nebst einem Ueberblicke über die allgemeine Weltgeschichte gelehrt.

Gesang hat in IIIa. den Cantus firmus zur Aufgabe; Kirchenmelodien rein singen zu können, ist Ziel; die Notenkenntniß wird in dieser Klasse, wenn nicht schon in der Elementarschule, erreicht. In der IIa. wird auch die Lehre von den Pausen und Takttheilen durchgenommen, und darf schon zweistimmig gesungen, und braucht nicht ganz der Figuralgesang ausgeschlossen zu werden. In Ia. wird schon aufs Treffen der Noten hingezielt und auf den Vortrag schon hingedeutet. Uebrigens bleibt der Gesang stets in der engsten Verbindung mit dem Religionsunterrichte. Die vom Religionslehrer zum Memoriren aufgegebenen Lieder werden in der Singstunde gesungen, und die Melodie des Liedes wird am Schlusse der Lectionen und am Beginne derselben in IIIa. einstimmig, in IIa. und Ia. auch wohl mehrstimmig gesungen, jedoch durchaus so, daß jeder Sänger die Melodie auswendig singen kann. Durchaus aber ist immer festzuhalten, daß der Gesang hauptsächlich dazu dienen soll, die Andacht zu erheben.

Mögen diese ganz kurzen Andeutungen hier genügen zur Darstellung und Verdeutlichung dessen, was eigentlich als Ziel dieser Schule aufgestellt war. Ob im Einzelnen kleine Abänderungen zu treffen sind, das muß dann immer erst der Versuch entscheiden; nur darauf wollen wir doch noch hinweisen, daß man wohl annehmen könne, daß, mit diesen Kenntnissen ausgerüstet, auch unser Handwerker ein brauchbarer Mensch sein wird, daß aber auch andrerseits nichts gelehrt wird, was nicht jedem Menschen zu wissen wünschenswerth sein sollte.

Sollte man aber allerhand nützliche Wissensgegenstände vermissen, so denke man nur an die beschränkte Kraft des Kindes, die in der Ueberladung rein zur Ohnmacht herabsinkt. Ferner bedenke man, daß man erst nach und nach die Kraft des Kindes durch Uebung stärken müsse, und der Ueberblick über die Unterrichtsgegenstände mag lehren, wie das hier in diesem Plane wirklich beabsichtigt ist. In der IIIa. herrscht die Ausbildung der mechanischen oder technischen Fertigkeiten, in Ia. schon mehr die wissenschaftliche zusammenhangende Kenntniß vor, und IIa. macht den vermittelnden Uebergang, wobei nur noch für den Zeichnenunterricht in Ia. zu beachten ist, daß derselbe in dieser Klasse nicht mehr blos mechanisches Nachzeichnen ist, sondern mannigfaltige Geisteskräfte in Anspruch nimmt. Ob die Liebe für die Natur durch den hier bezeichneten Unterrichtsgang so tiefe Wurzel schlagen könne, als davon erwartet und gewünscht werden muß, wenn sie fort und fort bildend den Menschen durch das Leben begleiten soll, das wird bei diesem Gegenstande mehr, wie bei irgend einem andern, von dem Lehrer desselben, von dessen Liebe für die Sache und von dessen Lehrtüchtigkeit und den ihm zu Gebote stehenden L e h r m i t t e l n abhangen. Daß endlich Knaben, welche im elterlichen Hause keine besondere Triebfedern zur geistigen Thätigkeit haben, mit dem hier vorgesteckten Lehrziele bis zu ihrem vierzehnten Jahre, also bis zu ihrem Eintritt in das Leben, vollkommen beschäftigt werden dürften, daß dagegen diejenigen Knaben, auf deren Fleiß und Fortschritte und geistige Entwickelung die

Eltern ein wachsames Auge haben, diesen Lehrcursus bis zum vollendeten zwölften Jahre ganz vollkommen inne haben können, das wird Niemand in Zweifel ziehen, der unsere heutige Volksschule kennt, welche im Wesentlichen doch die hier angegebene Einrichtung hat und erfahrungsmäßig auch dieses Urtheil bestätigt. Die allgemeine Landesschule entläßt nun die Schüler, welche ihren ganzen Cursus inne haben, in die höheren Anstalten, entweder in das Gymnasium, oder in die höhere Bürgerschule, denn die Entscheidung zum Berufe muß nun im Allgemeinen geschehen sein.

Die höhere Bürgerschule empfängt nun die zwölf- oder dreizehnjährigen Schüler und behält sie durch drei Lehrstufen hindurch bis zum siebzehnten, oder achtzehnten Jahre. So auch das Gymnasium, nur wird dies vier Klassen nothwendig haben müssen und wird seine Schüler durchschnittlich bis zum vollendeten zwanzigsten, also sechs bis sieben Jahre lang, behalten. Beide sollen die angefangene Bildung erweitern, die gewonnenen Elemente aber durchaus benutzen und als Basen voraussetzen und nicht erst neue Fundamente unterlegen; beide müssen daher in dem engsten innern Zusammenhange mit der allgemeinen Landesschule bleiben. Wie das zu bewerkstelligen sei, davon weiter unten. Die höhere Bürgerschule nun besteht aus drei Klassen; ihre Hauptlehrgegenstände sind: Muttersprache, Naturkunde, Mathematik und Zeichnen. Vorausgesetzt darf und muß werden die Fertigkeit im Schreiben, im Rechnen, die allgemeine Geographie und die grammatische

Kenntniß der Muttersprache, und so hat denn die höhere Bürgerschule nur dafür zu sorgen, daß diese Elemente bei ihrem Unterrichte so benutzt werden, daß sie nicht vergessen, sondern immer wieder aufgefrischt werden. Die Lehrbücher der allgemeinen Landesschule sind daher Fingerzeige für die Lehrer an dieser höhern Schule, wie auch bleibende und stets festgehaltene Erinnerungsmittel für die Schüler. Dem gemäß hat

a) der Unterricht in der Muttersprache etwa in einer Klasse nur noch eine grammatische Repetitionsstunde nöthig; die andere Zeit wird darauf verwandt, die Schüler in die deutsche klassische Literatur einzuführen, den Geschmack an den Dichterwerken der Nation zu bilden und zwar nicht durch Nennen von Dichterschulen und Dichternamen, sondern durch eine Anschauung und ein Verständlichmachen ihrer Werke. In der Klasse liest die Schule und giebt so Anleitung zum Lesen im Hause; es wird Allen ein Bestimmtes zum Lesen hin und wieder aufgegeben, und eine schriftliche und mündliche Relation darüber eingefordert. Das flache Aesthetisiren unsrer Tage muß eben so sehr, als der Geschmack am Frivolen und Barocken, zurückgedrängt und bekämpft werden. Gute Uebersetzungen der klassischen Werke der neuern ausländischen Literatur gehören gleichfalls hieher. Es bedarf daher die höhere Bürgerschule einer bedeutenden Bibliothek in diesem Felde der Literatur und betrachtet gewisse Werke der Nationalliteratur eben so gut als Schulbücher, wie das Gymnasium seine lateinischen und griechischen Klassiker, so daß wirklich jeder Schüler gezwungen wird, sich eine gewisse Reihe deutscher Musterwerke anzuschaffen. Die Relationen über Gelesenes machen die vornehmlichsten Uebungen im deutschen Style, womit natürlich eigene freie Aufsätze, namentlich in den beiden ersten Klassen, abwechseln. Eine zweckmäßige und geordnete Benutzung der Bibliothek ist ein Hauptaugenmerk der Schule.

b) Die Mathematik muß streng wissenschaftlich sein, um den Verstand im abstracten Denken zu üben; die Anwendung auf das Praktische muß so weit durch den erweiterten Vortrag vorbereitet sein, daß es nur weniger Fingerzeige, ja nur eines Verstehens der im Leben sich darbietenden Aufgaben bedarf, um sie für diese Zwecke zu verwenden. Die zur Einübung nothwendigen Beispiele mögen und müssen aus den wirktichen Lebensverhältnissen gewählt sein; jedoch darf es nie auch nur den Anschein gewinnen, als lerne man die Mathematik blos für dieses praktische Leben, als wäre sie ein bloßes Nützlichkeitsding, wodurch man dies oder jenes schwierige Problem leicht lösen könnte. Sie erhält ihren praktischen Charakter dadurch, daß sie recht erweitert und namentlich nach der Seite hin recht vollständig vorgetragen wird, auf welcher sie die Anwendung aufs praktische Leben am Leichtesten und Oeftesten gestattet.

c) Die Physik nur, und nicht die Verschlingungen des Lebens, giebt der Mathematik erst ihre wahre Bedeutung, und beide vereint geben erst die Befriedigung, welche man in jeder einzelnen vergebens sucht. Sie beide vereint stellen den Menschen als Einheit einer Doppelnatur dar und lassen ihn ahnen und das ihn zur Gewißheit erheben, was der religiöse Glaube geschaut; sie predigen Demuth und erheben zugleich, sie machen den Menschen klein und führen ihn an die Thronesstufen der Gottheit, und beide drängen ihn hinein in die Sehnsucht nach einer Versöhnung mit Gott. Ihre Reinheit, ihre Freiheit von den leidenschaftlichen Bestrebungen einer sündigen Welt, ihre Freiheit von jedem sündigen Interesse, vom Kampfe, die Gewißheit, welche die gegenseitige Bestätigung beider gewährt, eine Bestätigung, die Gott uns auf doppelte Weise giebt in der Einheit des construirenden Gedankens und der construirenden Natur, dies und vieles Andere, was hier nicht weiter erörtert werden kann, giebt ihnen den Rang, daß sie eine wissenschaftliche Befriedigung auch dem geben, der seine Bildung mit der höhern Bürgerschule abschließt. Zwar wird eine solche bildende Kraft im Allgemeinen geläugnet, jedoch giebt es auch im Allgemeinen nur Wenige, welche kaum in den Vorhof dieser Wissenschaften eingetreten sind. Vielen Menschen hat sich die Natur zu lauter Buchstaben verkrüppelt. Von diesem Standpunkte aus dürfen aber weder Mathematik, noch Physik dienstbare Mägde des Lebens werden, sondern sie müssen den Schülern eine Art von philosophischer Einheit der Bildung geben; sie müssen die Minerva sein, welche uns mit Weisheit rüstet zum Kampfe gegen das leidenschaftvolle Leben. Darum nicht die praktische, sondern vornehmlich die theoretische Seite beider Wissenschaften muß gefördert werden; nicht die praktischen, sondern die rein wissenschaftlichen Disciplinen müssen die Hauptrolle spielen. Was das Leben dann noch bedarf, das ergiebt sich, wenn der Schüler erst in dasselbe eingetreten ist, leicht von selbst.

d) Die Naturgeschichte wird mehr in den Hintergrund treten, und es muß nur dafür gesorgt werden, daß die in der allgemeinen Landesschule erwachte Liebe dafür nicht untergehe, sondern neue Nahrung gewinne. Sollte diese Liebe nicht erweckt sein, so daß die Schüler hierin gern selbstständig weiter fortschreiten, so ist der Unterricht fruchtlos gewesen, und dann ist das hier in Betrachtung kommende Lebensalter nicht so angethan, daß noch diese Liebe durch einen erweiterten Unterricht erweckt werden könnte. Es muß vielmehr dieser Unterrichtszweig dem Selbststudium überlassen bleiben, zu welcher Selbstbeschäftigung die Schule Anleitung und Anreizung und Hülfsmittel bietet. Zu dem Ende ist ein reichhaltiges naturhistorisches Museum eine der dringendsten Anforderungen einer höhern Bürgerschule, wenn der Unterricht nach dieser Seite fruchtbar und belebend und nicht blos ein Wortkram sein soll. Was in dem Museum nicht zur Anschauung gebracht werden kann, das müssen Kupferwerke ersetzen.

e) Der historische und geographische Unterricht muß das Bild der Erde ausfüllen mit Natur- und Kunstprodukten und muß den Schauplatz mit der innern Entwickelungsgeschichte der Völker beleben und den gegenwärtigen Standpunkt derselben und ihr Verhältniß zu einander begreiflich darstellen.

f) Der Unterricht in einer durch die Lage der Provinzen und die Richtung des Verkehres bedingten neueren Sprache muß vornehmlich auf Sprachfertigkeit hinzielen, und die Furcht vor Zersplitterung der Zeit und Kräfte beschränkt diesen Unterricht auf eine neuere Sprache; zu einer zweiten kann allenfalls in der ersten Klasse die Anleitung gegeben werden. Wollte man hier das Bedürfniß des Lebens befriedigen, so möchten bei dem regen Verkehr der Völker bald sehr viele neuere Sprachen nothwendig werden; aber eben dieser leichte Verkehr hebt auch die dringende Nothwendigkeit wieder auf, denn es wird nicht lange dauern, so wird man das viel bequemere Mittel zur Erlernung der fremden Sprachen anwenden, daß man seinen Sohn ins Ausland schickt, was ja ohnehin meistens von den Gewerbetreibenden, von denen nur hier noch die Rede sein kann, geschieht.

g) Das Zeichnen wird hier eine besondere Aufmerksamkeit verdienen, und es müssen alle Hauptrichtungen dieser Kunst durchgenommen und geübt werden, jedoch so, daß jeder Schüler vornehmlich den Theil der Kunst übt, der seinem künftigen Berufe am Angemessensten und Förderlichsten ist.

Man hat nun noch in den neuern Zeiten meistentheils auch den lateinischen Sprachunterricht in die höhere Bürgerschule hineingezogen. Der Grund kann nur sein, um noch einen Lehrgegenstand mehr zu haben zur innern Einigung der getrennten Gelehrten- und Bürgerschule. Es ist auch gar nicht zu läugnen, daß für viele bürgerliche Gewerbe, wie Apotheker, Thierärzte,

Chirurgen, selbst auch Registratoren eine Kenntniß dieser Sprache ganz nützlich sein werde; auch soll nicht in Abrede gestellt sein, daß dieser Artikel in dem Lectionsverzeichniß für manche Eltern etwas Imponirendes hat, und das Prädicat höhere Bürgerbildung erst zu rechtfertigen scheint; indessen kann hievon nur dem ersten oben angegebnen Grunde eine wahre Bedeutung zugestanden werden, und er mag diesem oder jenem auch wichtig genug erscheinen, das Latein noch mit unter die Lehrgegenstände aufzunehmen. Daraus würde denn aber jeglichen Falles folgen, daß dasselbe nur zum Behufe einer Lectüre der Klassiker erlernt werden müsse, und alles nicht dahin Zielende müßte gänzlich ausgeschlossen bleiben. Es ist hier keinesweges geläugnet, als ob das Erlernen dieser Sprache nicht viel Bildendes habe, sondern es wird nur behauptet, daß die darauf zu verwendende Zeit und Kraft und das doch immer nur niedrige erreichbare Ziel sich nicht gegenseitig das Gleichgewicht halten. Rechnet man nun noch hinzu die große Zerstreuung und Zersplitterung der jugendlichen Kraft — wogegen nicht genug gewarnt werden kann, — die Ueberladung derselben, dann auch die Halbheit der Bildung auf allen Ecken, so kann man wohl recht sehr bedenklich werden gegen die Aufnahme des Latein. Daß man wenige Stunden einräumt und so recht viele Gegenstände in die Schule hineinstopft und dadurch die äußere Möglichkeit des Lehrens darthut, dadurch ist die Möglichkeit des Erlernens nicht nachgewiesen, und der dadurch entstehende und entstandene Schaden mag hier nicht weiter erörtert werden. Soll denn Latein durchaus getrieben sein, so darf es nur in Nebenstunden und von solchen Schülern geschehen, deren geistige Kraft auch für diesen Gegenstand noch ausreicht, ohne sich für die übrigen Gegenstände, ja fürs Wissen abzustumpfen.

Auch hier möge wieder der Lectionsplan für die höhere Bürgerschule äußerlich einen Ueberblick gewähren über das zu Leistende, um daran die nähern Erörterungen anknüpfen zu können. Der Cursus in III a. ist einjährig, und der in den beiden ersten Klassen ein und ein halbes Jahr lang. Der Cursus von I a mag auch auf zwei Jahre ausgedehnt werden.

Lectionsplan für die höhere Bürgerschule.

	III.		II.		I.	
Religion	2	Stunden	2	Stunden	2	Stunden
Muttersprache .	3	—	3	—	3	—
Neuere Sprache .	4	—	4	—	5	—
Mathematik . .	6	—	6	—	6	—
Physik	3	—	3	—	5	—
Naturgeschichte .	2	—	2	—	:	—
Geschichte u. Geographie . . .	3	—	3	—	3	—
Rechnen	1	—	1	—	:	—
Zeichnen . . .	4	—	4	—	4	—

Der Religionsunterricht ist in III a. das religiöse Leben, entwickelt am Leben Jesu, in II a. das religiöse Leben, entwickelt am Leben der Apostel, immer mit der Bibel in der Hand, in Ia. das religiöse Leben in der historischen Entwickelung der Kirche. Näheres hierüber ein ander Mal.

Der Unterricht in der Muttersprache behandelt in IIIa. neben einer Repetition der Grammatik kleinere Gedichte und prosaische Aufsätze und lenkt die Lectüre auf Reisebeschreibungen, auf Länder- und Völkerkunde; in IIa. werden größere, aber doch leichtere klassische Werke der in- und ausländischen Literatur (diese natürlich in correcten Uebersetzungen) gelesen, und die Privatlectüre giebt den Schülern neben Geschichtswerken weitläuftigen Inhaltes, biographischen Werken, auch Gedichte und abhandelnde Aufsätze gemischten Inhaltes in die Hand. In Ia. werden schwierigere classische Werke des In- und Auslandes gelesen und durch die Privatlectüre erweitert, zugleich sucht man den Blick der Schüler auf die allmählige Entwicklung der Nationalliteratur zu erweitern, indem man nach und nach zeitgemäß rückwärts schreitet. Die äußerste Grenze dürfte jedoch die Zeit dicht vor der Reformation sein; man möchte denn Einzelnes aus frühern Perioden zur Anschauung bringen wollen.

Die fremde neuere Sprache ist darum in der Ia. erweitert, um eine zweite, wenn es nothwendig erachtet wird, beginnen zu können, im entgegengesetzten Falle würde dann eine Stunde zur Physik hinzuzunehmen sein.

Mathematik behandelt in III a. ebene Geometrie und Arithmetik; jene umfaßt den ganzen theoretischen Theil der Planimetrie, diese die einfachen algebraischen Rechnungs-Operationen bis zur Lehre von den Gleichungen. In II a. wird nach Repetition des Cursus von III a. in einem halben Jahre die ebene Trigonometrie und die arithmetische und geometrische Reihe und die Logarithmenlehre, in dem zweiten Semester Stereometrie und allgemeine Combinationslehre, und in einem dritten Semester die Lehre von den Gleichungen bis zur quadratischen inclusive und von den arithmetischen Reihen höherer Ordnungen durchgenommen. Die beiden in einem halben Jahre genannten Gegenstände möchten sich am Bequemsten so neben einander lehren lassen, daß für jeden drei Stunden wöchentlich angewiesen würden. In dieser II a. muß aber durch Uebungsaufgaben immer dafür gesorgt werden, daß das Pensum von III a. im frischen Andenken bleibe. Auch wird in der II a. Zeit genug bleiben, ergänzend für III a. einzutreten, wenn das vorhin angegebene Pensum sich als etwas zu groß darstellen sollte. In der I a. wird gelehrt in einem Semester die sphärische Trigonometrie, in dem zweiten das Binomium, Polynomium nebst combinatorischer Analysis, in dem dritten der Eingang zur Functionenlehre und zur analytischen Geometrie in Verbindung mit den Kegelschnitten in analytischer Behandlung. Hier mögen nun einige Schritte in das praktische Leben gethan werden, als Feldmessen, Baukunst, Militärwissenschaften,

Astronomie, mathematische Geographie u. s. w. Die Hauptanwendung aber bleibt für die Physik.

Die Physik bleibt in IIIa. und IIa. hauptsächlich Experimentalphysik und umfaßt so das ganze Gebiet der sogenannten mechanischen Naturlehre. Der Schüler muß hier erst nach und nach in dies Gebiet hineingeführt und dafür erst aufgeschlossen werden. Doch muß das Experiment nicht blos wie ein Spaßmachen, sondern als ein wirklicher Bildungsact für den denkenden Geist behandelt werden; das Experiment muß das Naturgesetz construiren, der Schüler muß aus dieser Construction auf die wirkenden Kräfte schließen; er muß auf alle Umstände achten, das Experiment muß ihm unter mancherlei Modificationen wiederholt werden, wie man einen Gedanken, eine geometrische Construction, oder eine Begriffsentwickelung wiederholt, bis der Schüler selber die sich so äußerlich darstellende Wahrheit mit Hülfe des Lehrers gefunden. Diese Experimentalphysik muß ein methodischer Unterricht werden, der unendlich viel Bildendes, wie denn auch Erregendes für das unverdorbene Gemüth hat. Das Experimentiren ist gleichsam das Syllabiren und Lautiren in der Sprache, es läßt dieses die isolirten Laute aus der Sprache der Natur den menschlichen Geist vernehmen, und diese Sprache soll der Mensch nicht wie eine historische Notiz verstehen, sondern er soll sie der Natur mit scharfer Beobachtung und gründlichem Nachdenken ablauschen. Es läßt sich hier kein Pensum angeben, da man nicht wissen kann, wie viel der Geist eines Knaben auf diesem Wege gewältigen kann. Die Zeit von drei Stunden ist daher auch hier nur als eine von Ohngefähr angenommene; nur muß man die Forderung festhalten, daß der Schüler die Hauptttheile der Physik auf diesem Wege durchmachen und in jedem hindurchdringen muß bis zu dem Punkte, daß er mit vollem Bewußtsein die mathematische Entwicklung auf sie übertragen, ja mit ihr als Eins erkennen kann. Diese mathematische Entwickelung der Physik bildet daher in Ia. die Hauptsache, und das Experiment tritt nur noch als bestätigend und den Fortschritt sichernd und Vertrauen einflößend in den Hintergrund. Dürfte Eine neuere Sprache vollkommen ausreichen, und so der Physik die sechste Stunde zugetheilt werden können, so würde damit die für die höhere Bürgerschule zu lösende Aufgabe um so eher ein erfreuliches Resultat gewähren; um so eher würde sie dann die Einheit zwischen Naturgesetz und dem reinen ungefälschten Gedanken, zwischen der Synthesis der Natur und der des Geistes erkennen lassen, und dadurch eben einen befriedigenden Abschluß mit ihrer Bildung geben, sie würde die Naturkunde zu einer Sprache erheben, welche der Geist, wie von ihm schon lange gesprochen, versteht. Die Reichhaltigkeit des physikalischen Apparates ist natürlich eine unerlaßliche Bedingung, ohne welche überhaupt nie der physikalische Unterricht so geistbildend werden wird, wie er es seiner Natur nach sein kann. Ein halbes Jahr ist in der Ia. auf Chemie zu verwenden.

Die Naturgeschichte giebt in IIIa. Anleitung zum zoologischen Studium und in IIa. eben so zum mineralogischen. Daß dazu ein reichhaltiges Museum mit einem daneben befindlichen Lehrzimmer erfordert wird, das ist einleuchtend und auch sonst wohl hinlänglich anerkannt.

Die Geschichte lehrt in der IIIa. allgemeine Weltgeschichte, dagegen in IIa. und Ia. europäische Staatengeschichte und schließt jede derselben mit einer Uebersicht der statistischen Verhältnisse, der Handelsverbindungen und der Verträge, der Natur- und Kunstprodukte und der Rechtsverhältnisse, in so weit sie den Fremden berühren, der dorthin einen Verkehr anknüpfen, oder gar dorthin reisen will.

Für den Gesangunterricht wird wöchentlich in zwei Stunden außer der Schulzeit von Seiten der Schule Gelegenheit gegeben, und wird hierin nach einiger Kunstfertigkeit im Chorgesange gestrebt. Daß demselben von den Schulen eine große Aufmerksamkeit geschenkt, und für denselben nicht genug Sorge getragen werden könne, das kann hier nicht weiter begründet werden. In Nebenstunden ist derselbe hier blos darum eingereiht, um ihn als Gegenstand einer freien Entschließung von Seiten der Schüler hinzustellen. Namentlich aber muß die höhere Bürgerschule dem Gesange eine sehr große Aufmerksamkeit widmen darum, weil er das Mittel eben ist, die Lebensweisen in den geselligen Kreisen zu verschönen u. s. w.

Um nun festzustellen, wer denn in diese Schulen zu verweisen, und wer hier seine Vorbildung zu suchen habe, muß noch erst das Verhältniß des Bürgerlebens zu dem des Gelehrten näher ins Auge gefaßt werden. Das Leben der Gelehrten hat das Produciren des Gedankens, das der Bürger das Gestalten zum Endziele; der Gelehrte denkt gleichsam in Abstracto, dagegen der Bürger in Concreto; jeder seiner Gedanken ist eine Gestaltung, ist That; dem bürgerlichen Leben hat der abstracte Gedanke nur Werth, wenn derselbe sich auch gestaltend im Leben darstellt; die bürgerliche Philosophie ist das verständige Handeln, die bürgerliche Dichtkunst ist das schöne Handeln, die bürgerlichen Probleme sind wichtige, großartige Projecte. Der Bürgerstand predigt sein Wissen nicht von den Bänken, sondern stellt es in seinem ganzen Leben künstlerisch dar; er schreibt seine Gedanken nicht in Bücher, sondern er gießt die Typen sich selber und druckt die Worte in großen malerischen Zeichen auf dem Lebenswege ab. Die in den Schulen vom Bürger erworbenen Kenntnisse sind ihm die Farben, in denen seine Gestaltungen auftreten, und der Standpunkt seiner ganzen Bildung ist der Rahmen, in den er seine Bildnereien einfaßt. Demnach werden nun auch alle diejenigen Stände oder Beamten des Staates, welche mit dem bürgerlichen Leben und Verkehre — in so weit es nicht ein rein innerliches und religiöses ist — in so enger Verbindung bleiben müssen, daß sie selbstthätig und fördernd in das Triebrad des Lebens eingreifen, alle diese Staatsbeamte werden mit dem Bürger eine gleiche, nur erweiterte Bildung sich erwerben müssen. Es werden ferner alle diejenigen, welche ganz speziell auf die Gestaltungen des Lebens und künstlerisches Erzeugen (im weitesten Sinne des Wortes) hin- wirken sollen, nur ihre wahre Ausbildung in diesen hö- hern Bürgerschulen finden können, und man dürfte es einen Schaden für sie und fürs Leben, für den Staat nennen, wenn sie diese Bildung auf einem andern Wege suchen müßten. Dem gemäß würden in der höhern Bür- gerschule vorbereitet werden die Schüler der Bau-, Forst-, polytechnischen, Landwirthschafts- und Kriegs- schulen und Maler-Akademieen. Alle Cameralisten und Finanzmänner ohne alle Ausnahme, die städtischen Be- hörden, mit Ausschluß der Justizpersonen, werden nur in der höhern Bürgerschule eine natürliche Vorbereitung für ihren künftigen, das Leben selber gestaltenden Beruf finden können. Sollte der Staat den höhern Bürger- schulen diese Berechtigung zugestehen, so dürfte dann wohl zweckmäßig erachtet werden, den Cursus der Prima auf zwei Jahre auszudehnen, was dann keine Schwie- rigkeit haben wird. Dem gemäß erhalten die Schüler der höhern Bürgerschule mit einem Prädicate der Reife unbedingt das Recht, die Universität zu besuchen. Der Kreis der Studien für diejenigen, welche nicht in die oben genannten speziellen Berufsschulen eintreten, ist Geschichte, Staatswissenschaften, Polizeiwissenschaften, Landrecht, Oeconomie, Cameralistik, Thierarzneikunde, Naturwissenschaften, Handelskunde, Gewerbkunde. Für die zu den Universitäten übergehenden darf dann die Forderung bestehen, daß sie auf der höhern Bürgerschule sich das Prädikat der Reife auch *in der lateinischen Sprache* erworben haben müssen, und die Bedingung muß festgehalten werden, daß sie vier Jahre zur Erweiterung ihrer Bildung auf der Universität benutzen, weil die Zeit sonst nicht ausreicht, um ihnen den Blick in alle die Lebensverhältnisse zu öffnen, in die sie künftig selber eingreifen, ja die sie beurtheilen und fördern sollen. Zugleich aber muß die Universität diesen neuen Ankömmlingen Collegia populärer, aber doch wissenschaftlicher Art über sämmtliche Zweige der Religions- und der philosophischen Wissenschaften lesen. Staatsprüfungen am Ende der akademischen Laufbahn entscheiden schließlich über die Wahlfähigkeit und Anstellungsfähigkeit der Candidaten. Erschrickt man hier vor dem Gedanken, daß gleichsam Barbaren sich den geheiligten Lehrstühlen einer nie verletzten Universität nähern dürfen, daß sie mit Bürgerrecht die geweihten Schwellen der alma mater betreten dürfen; kommt es neu vor, daß Leute, welche keine lateinischen und griechischen Reden halten können, zu wichtigen Behörden in der Staatsverwaltung gemacht werden sollen, so bedenke man doch auch dagegen, daß trotz alles Lernens des Griechischen und Lateinischen sich unser Leben nimmermehr altklassisch gestalten will und nicht soll, und daß — es sei fern, hier irgend Jemandem einen Vorwurf zu machen — der enge Blick in die alte, enge, einfache Welt nicht heute mehr ausreicht, wo die Erde sich immer mehr auf einen Punkt zusammenzudrängen scheint, wo also die Verknüpfungen der Verhältnisse immer complicirter, die Menge der combinatorischen Elemente immer größer, die Gestaltungen des Lebens immer mannigfaltiger und großartiger, kurz die künstlerischen Gestaltungen unsers bürgerlichen Lebens immer reicher und bedeutungsvoller werden. Nur mit den hier angegebenen Berechtigungen wird es möglich werden, den Bürgerschulen eine gesicherte Stellung zu geben und den Gymnasien einen ungetrübten Gang zu sichern. Nur so kann der Widerstreit der Meinungen und die Eifersucht gehoben werden; nur diejenigen verwaltenden Behörden, welche auf ihren Posten mehr als philosophische Gedanken und altklassische Gelehrsamkeit mitbringen, nur diejenigen Vorgesetzten, welche die Volksbildung verstehen, und welche die Bestrebungen des Volkes als ihre eignen erkennen, deren geistige Nahrung eben die gestaltende Thätigkeit des Volkes ist, nur diese werden den alles Gedeihen des Staates zerstörenden Haß gegen die Behörden auslöschen und einen Frieden bringen, der uns Allen zu wünschen ist. Allerdings sind dies nur Gedanken, welche durch keine Erfahrung bestätigt sind, aber es sind auch solche, welche durch keine solche widerlegt sind. Wer aber die Zeichen der Zeit versteht; wer da sieht, welche Männer beim Volke gelten; wer darauf achtet, wie diejenigen geachtet und geliebt werden, welche den Richtungen des Volkes in seinen gewaltigen, großartigen Unternehmungen nicht blos Vorschub leisten, sondern auch förderlich die Hand bieten und mit verständiger Einsicht in die Lebensverhältnisse des Volkes ihm weise Rathschläge geben; wer es nicht verschmäht, das Volk zu beachten, wo es seine Liebe mit reicher Kraft an den Tag legt: der wird finden, daß Zeichen genug vorhanden sind, um den hier gethanen Vorschlägen eine bedeutende Wirkung auf Volks- und Staatswohl einzuräumen. Doch wir wollten ja hier nur die Wünsche der Gymnasien befriedigt wissen, und so möge diese kleine Abschweifung blos als ein neuer Bewegungsgrund angesehen werden, diese der Last der Bürgerbildung — nun allerdings in einem viel weitern Sinne als sonst wohl zu verstehen, indem zum Bürgerwesen auch die Bürgerbehörden gehören — zu überheben und so der Eifersucht ein Ziel zu setzen. Nur ein Vorschlag sei hier noch erlaubt. Damit auch diejenigen Schüler, welche von der höhern Bürgerschule aus unmittelbar ins Leben treten, nicht mit einem Male von jeder Fortbildung abgesperrt bleiben, ja damit die Lehrer und somit die Schule sich nicht vom Leben, und das Leben sich von der Schule losreiße, so müßten die Professoren solcher Schulen gehalten sein, öffentliche Vorlesungen in den Abendstunden in einzelnen wissenschaftlichen, oder praktischen Disciplinen zu halten, wodurch dann immer des Bürgers angeregtes wissenschaftliches Interesse genährt, und er selber über dem Materialismus des Lebens erhalten würde. Diese Abendvorlesungen würden vollkommen die speziellen Berufsschulen vertreten können.

Den Gymnasien bleibt nun also die Ausbildung der so genannten Fachgelehrten, Theologen, Juristen, Mediziner. Selbst die Lehrer der höhern Bürgerschule würden noch zweckmäßiger ihre Vorbereitung in der höhern Bürgerschule als im Gymnasium gewinnen, allenfalls mit Ausschluß desjenigen Lehrers, dem dort der

Unterricht im Lateinischen und der deutschen Literatur übertragen werden sollte, und dies aus leicht begreiflichen Gründen. Obwohl nun die Aufgabe der Gymnasien schon oben hinlänglich angedeutet, und sie durch lange Zeiten hindurch als fest und unabänderlich angesehen werden darf, so wird es hier dennoch nöthig, auf einen Umstand aufmerksam zu machen, um den Mißverständnissen vorzubeugen, welche aus dem eingeschränkteren Kreise der Gymnasien hervorgehen möchten, zugleich aber auch, um im Voraus die Organisirungs-Vorschläge zu rechtfertigen. Es ist dies die innere Verständigung mit dem Volke. Die Gymnasien müssen ihre Schüler, außer der Vorbereitung für das Studium der Fachgelehrsamkeit, auch noch befähigen, das künstlerisch produktive Leben des Volkes zu verstehen. Das Leben des Volkes, seine Wissenschaft, welche im Volke als That hervortritt, muß in den gelehrten Händen als Gedanke existiren; es muß der Gelehrte sich in dem Wirkungskreise des Volkes dem Gedanken nach zurecht finden können, seine Bildung muß daher einen Theil der Volksbildung, so weit er reiner Gedanke ist, nothwendig mit enthalten, denn nur so bleibt die Verständigung und Einheit des ganzen Volks. Möge dies ein Licht über den Stundenplan werfen und ihn seinen Hauptzügen nach rechtfertigen. Das Gymnasium zählt vier Klassen; die Cursen sind in IVa. einjährig, in IIIa. und IIa. anderthalbjährig, in Ia. wird der Cursus auf zwei Jahre ausgedehnt, so daß das ganze Gymnasium in einem Zeitraum von sechs Jahren, also vom

12ten oder 13ten bis zum 18ten oder 19ten durchgemacht werden kann. Es wird allerdings meistentheils die Vorbereitungszeit bis zum 20sten und 21sten Lebensjahre dauern, indessen wird wohl Jeder eingestehen, daß das nur zweckmäßig sei. Da der wissenschaftliche Charakter der Gymnasien bleiben soll, wie er bisher ist, so würde eine gesonderte Betrachtung über die einzelnen Lehrzweige ganz überflüssig sein, und mögen einzelne Bemerkungen bis zur nähern Erörterung über den Lectionsplan verschoben bleiben.

Lectionsplan fürs Gymnasium.

	IV.	III.	II.	I.
Religion . .	2 Stund.	2 Stund.	2 Stund.	2 Stund.
Muttersprache	2 —	2 —	2 —	2 —
Latein . . .	12 —	8 —	8 —	8 —
Griechisch . .	: —	8 —	6 —	6 —
Mathematik .	6 —	4 —	3 —	3 —
Physik . . .	: —	: —	3 —	3 —
Naturgeschichte	2 —	: —	: —	: —
Geschichte und Geographie	4 —	2 —	2 —	2 —
Neuere Sprache	: —	2 —	2 —	2 —

Da dieser Lectionsplan im Wesentlichen derselbe ist, wie in den heutigen Gymnasien, so muß nur erst der Einwand gegen das so späte Beginnen des Lateinlernens zurückgewiesen werden, um dasselbe auch schon dadurch gerechtfertigt zu haben. Der unendliche, ja unberechenbare Schaden des zu frühen Lateinlernens möge hier einmal ganz auf sich beruhen, hier soll nur die Möglichkeit, daß man auch von hier ab noch Latein lernen könne, dargethan werden. Man stelle sich nur Knaben vor, welche die in der allgemeinen Landesschule gewonnenen Kenntnisse und die dort erreichte Bildungsstufe mitbringen, welche zwölf bis dreizehn Jahr alt und für den Unterricht geweckt sind, die alle zum Studiren entschlossen sind, die, mit vielen Hülfswissenschaften und Fertigkeiten vertraut, nur noch ihr Hauptaugenmerk auf Griechisch und Lateinisch zu richten haben, die ein grammatisches Gebäude schon im Kopfe haben, in welches diese Sprachen nur eingereiht werden dürfen — n. b. bei dem oben als unablässig bedingten Zusammenhange der Schulen, — die im Auffassen von fremden Klängen durch die Namen in der Naturgeschichte und Geographie geübt sind, die, schon an ein Denken und Systematisiren durch die Raumlehre und Naturgeschichte gewöhnt, eine Befähigung für wissenschaftliches Auffassen erhalten haben, die mit dem Mittel, wodurch man sich verständigt und mittheilt, mit ihrer Muttersprache vollkommen vertraut sind, die Winke zum leichtern Lernen und Anleitungen zum raschern Fortschreiten zu benutzen verstehen: wenn man solche Knaben sich vorstellt, sie nicht durch neue Definitionen und neue Begriffe und Terminologieen verwirrt, wenn man deren gewonnene Bildung und Begriffswelt benutzt, um mit dieser und durch diese fortzuschreiten, so wird es nicht mehr zweifelhaft sein können, daß ein solcher Knabe das in Quarta begonnene Latein noch eben so gut und vielleicht noch besser erlernt, als heut zu Tage, wo man ihm erst in der frühen Kindheit einen Ekel davor beibringt und ihm auch sonst noch wohl allerhand unerfreuliche Dinge anlehrt. Doch vielen Lesern, die mit der Schulliteratur bekannt sind, wird selbst auch dieser Nachweis überflüssig erscheinen, da auch schon andere Schulmänner den Vorschlag gemacht haben, das Latein erst in der Quarta des Gymnasiums zu beginnen. Nur die Erfahrung möge hier noch ein Wort mitreden, daß selbst bei der heutigen Organisation der Gymnasien diejenigen Schüler am besten fortschreiten, welche mit dem 12ten oder 13ten Jahre aus der Volksschule gut vorbereitet ins Gymnasium kommen, daß diese meistentheils noch zur rechten Zeit, ja früher, als viele andre, vollkommen reif und meist sehr tüchtig zur Universität gehen, und daß sie gewöhnlich diejenigen sind, die nicht erst — wie die meisten andern Schüler — einige Jahre in den mittlern Klassen ausschlafen. Die Stunden sind in den einzelnen Zweigen beim Beginne darum nach Möglichkeit zu häufen, damit der Schüler mit dem Reize der Neuheit und dem dadurch gegebnen Eifer recht bald über die ermüdenden Elemente hinwegkomme und zu einer Selbstthätigkeit in diesen wissenschaftlichen Zweigen die Mittel erhalte. In der IV a. sind darum 4 Stunden für Geschichte eingeräumt, damit der Schüler durch die alte Geschichte und Geographie einen Blick in das Alterthum gewinnt und das Feld kennen lernt, auf welchem sich sein Lehrstoff bewegt, damit er seine Klassiker auch gleich mit mindestens äußerer historischer Verständigung zu lesen beginnt, so daß also die Reise ins Alterthum gleich auf einem doppelten Wege angetreten wird. In den übrigen Klassen bleibt die Geschichte nur allgemeine Weltgeschichte. Im deutschen Unterrichte gilt das auch hier bei den Bürgerschulen Gesagte, jedoch muß hier die produktive Thätigkeit der Schüler angefeuert werden, und die receptive ist durch eine Anleitung zur verständigen Benutzung der Bibliothek bei der Privatlectüre auszubilden und zu üben. Die Mathematik beschränkt sich auf den rein wissenschaftlichen und streng systematischen Theil, und alle ihre Praxis besteht darin, daß der Schüler sich mit Freiheit in ihrer wissenschaftlichen Bahn bewege. Sie muß als ein Hauptbildungsmittel des Verstandes für ein folgerechtes zusammenhangendes Denken betrachtet und nicht als ein Haufen Materials behandelt werden, womit man den Schüler vollstopft. Ueberall, in allen Lehrgegenständen des Gymnasiums muß das Material so eng als möglich zusammengezogen werden, damit der Schüler volle Herrschaft über die Grundbegriffe und Gewandtheit im Folgern aus denselben, so eine Freude am Wissen und so Productivität gewinne. Die Physik muß im Gymnasium gleich als Wissenschaft aufgefaßt werden, und das Experiment muß den äußerlichen anschaulichen Beweis für die Richtigkeit des Gedankens und die geistige Construction geben. Es müssen daher auch nur die Zweige der Physik vornehmlich durchgenommen werden, in denen die Construction des Geistes den weitesten

Spielraum gewonnen, und über die andern Theile der Physik muß nur vermittelst der Grundexperimente ein Ueberblick gegeben werden. Die Theologen lernen in den beiden Stunden, in welchen die übrigen Schüler in einer der neuern Sprachen unterrichtet werden, das Hebräische, und wollen sie auch noch die neuere Sprache mitlernen, so mögen die Stunden so gelegt werden, daß Jeder beide Lehrgegenstände mithalten könne; aber dem Gymnasium bleibt immer die Warnung vor Ueberladung eine heilige Pflicht. Zum Zeichnen muß Gelegenheit gegeben, und der Gesang muß in zwei wöchentlichen Chorstunden geübt werden.

Mögen diese wenigen Andeutungen genügen, um ohngefähr die Idee erkennen zu lassen, nach welcher eine befriedigende Schulorganisation erhalten werden könne, und mögen statt aller speziellen Ausführungen, die sich ohnehin in jedem gesonderten Verhältnisse auch nothwendig anders gestalten, hier nur noch einige allgemeine Bemerkungen Raum finden, welche manchen Bedenklichkeiten, die gegen die hier gethanen Vorschläge erhoben werden möchten, vielleicht im Voraus begegnen. — Wenn man nun den Maaßstab jener oben ausgesprochenen Prinzipien anlegt, nach welchen die Schulen organisirt werden müßten, so wird man nicht in Abrede stellen, daß die Entscheidung für den Beruf nicht zu früh aber auch nicht zu spät, sondern zu einer Zeit geschehe, wo die allgemeine Landesschule die Kräfte und die innern Richtungen der Kinder hinlänglich ausgemittelt hat. Die Allgemeinbildung in den Schulen ist überall vorherrschend vor der Berufsbildung, und die geistige Einheit wird vollkommen erreicht, und so wirklich der Grund zur Fortbildung des Geschlechtes gelegt, wenn die höhere Bürgerschule nur gehörig ihre Aufgabe im Unterrichte der Muttersprache und das Gymnasium die seine in Betreff der Naturwissenschaft und Mathematik löst; die erstere muß nicht zu sehr dem Nützlichkeitsprinzipe nachjagen, und dies letztere muß nicht sich zu tief in den historischen Bildungsgang sich vergraben und die erzeugende Bildungsstufe der Nation vergessen oder unbeachtet lassen. Daß man die zur Berufsbildung nothwendigen wissenschaftlichen Elemente und Fertigkeiten ohne Ueberladung der Schüler mitgetheilt habe, das leuchtet wohl ein. Fragt man nun aber, wie denn hier den Schülern und der Schule eine Erleichterung geboten sei, da doch im Ganzen nicht weniger als bisher gelehrt werden solle, so liegt die Antwort darin, daß die Schüler das zu Erlernende mehr hintereinander und nicht alles zugleich nebeneinander lernen, daß sie in der allgemeinen Landesschule ein Fundament gewonnen haben, auf dem sie sicher fortschreiten können, und was ihnen die höhere Schule nicht zerstören soll. Wundere man sich nicht darüber, daß man in dem Gymnasium fast eben so viel Zeit auf Mathematik verwenden soll wie in der höhern Bürgerschule, und daß doch die Anforderungen in ihm in Betreff dieses Gegenstandes viel geringer sein sollen, denn die Möglichkeit einer Mehrleistung liegt für die höhere Bürgerschule darin, daß diese viel mehr — ohne die Schüler zu überladen — in der Mathematik auf den häuslichen Fleiß bauen darf, während im Gymnasium die Thätigkeit für die Schule vornehmlich durch die alten Sprachen in Anspruch genommen wird. Dieser letzt gedachte Umstand machte daher auch für die Quarta des Gymnasiums 6 Lehrstunden für Mathematik nöthig, um in dieser Klasse am meisten den Schülern die häuslichen Arbeiten für diesen Gegenstand zu ersparen, und ihnen den ersten Eintritt in die Wissenschaft zu erleichtern.

Da nun aber die Möglichkeit einer Verwirklichung des hier gedachten Schulplanes vornehmlich auf den innern Zusammenhang der allgemeinen Landesschule mit den höhern Lehranstalten gebaut ist, so wird es nöthig, zur Verständigung anzugeben, wie die Erreichung dieses Zusammenhanges möglich zu machen sei. Diese innere Einheit wird auf der Stelle vorhanden sein, oder wenigstens doch unbezweifelt als denkbar angenommen werden, wenn die allgemeine Landesschule mit der höhern Bürgerschule eine ununterbrochene Klassenreihe darstellte wie ein heutiges sechsklassiges Gymnasium, oder wenn eben so das Gymnasium sich mit der allgemeinen Landesschule zu einer Lehranstalt von 7 Klassen verbunden hätte. Darnach würde die innere Einheit der höhern und niedern Anstalten erreicht sein, wenn man so die allgemeine Landesschule, höhere Bürgerschule und Gymnasium zusammen unter einen Hut und ein Obdach brächte. Bedenkt man aber, daß die allgemeine Landesschule nothwendig mit drei Elementarklassen verbunden bleiben muß, damit nicht die Kinder schon so frühe im

Schulenwechseln geübt und getrübt werden, daß ferner die Menge dieser allgemeinen Landesschulen schon in einer Stadt von mittlerer Größe die Zahl der Gymnasien und höhern Bürgerschulen übertreffen muß, daß ferner eine unübersehbare Menge von Schülern auf einen Haufen zusammengedrängt werden, so kann man doch bei ganz vollendeter Einrichtung dieser Schulanstalten nur daran denken, das Gymnasium wie die höhere Bürgerschule äußerlich von der allgemeinen Landesschule abzusondern. Eine Einheit wäre nun aber doch dadurch zu bewerkstelligen, daß die Candidaten des Schulamtes ihre Probezeit in der allgemeinen Landesschule ablegen müßten, und daß im Allgemeinen kein Lehrer an den höhern Anstalten angestellt würde, der nicht durch eine Beschäftigung in der allgemeinen Landesschule dieselbe ganz genau kennen gelernt, und ihren Bildungsgang und ihr Bildungsziel ganz gründlich erkannt hätte. Die höhern Schulen müßten mit ihrem Anfange so sehr auf das Ende der Vorschule hingewiesen sein, daß die Reiferklärung dieser Vorschule ohne alles Weitere die Berechtigung gäbe, in die höhern Schulen aufgenommen zu werden. Allerdings müßte ein Schulverständiger der Stadt darüber wachen, daß jede Schule das ihr vorgesteckte Ziel erreiche, und so alle Abiturienten- oder Rezeptions-Examina überflüssig zu machen. Derselbe müßte nicht minder darauf ein Augenmerk haben, daß nicht die höhere Schule das in der niedern Aufgebaute wieder niederreiße. In so fern dies aber nur vornehmlich den grammatischen Unterricht anlangt, so würde das äußere

Hülfsmittel hinreichen, diesem Niederreißen zu wehren, wenn die höhern Schulen bei ihrem grammatischen Unterrichte — was die allgemeinen grammatischen Begriffe anlangt — gebunden sind an die in den allgemeinen Landesschulen gebrauchten Lehrbücher. Doch alle diese Noth- und äußere Hülfsmittel werden ganz überflüssig sein, sobald die höhere Schule nur erkennt, was die niedere geleistet, und wenn sie sich bewußt geworden, daß es nur ein sichres Fortschreiten im treuen Benutzen des Erworbenen giebt.

Endlich bleibt nun noch übrig die äußern Verhältnisse der beiden höhern Schulen festzustellen. Was zunächst die Lehrkraft im Gymnasium anlangt, so würden für die 4 Klassen, jede mit 28 Lehrstunden, 7 Lehrer verlangt werden müssen, von denen der Rector 12 Stunden übernimmt; 4 andere Lehrer übernehmen jeder 16 Lehrstunden, und die beiden jüngsten jeder 18 Stunden, welches zusammen 112 Stunden ausmacht, und das ist die Gesammtzahl der öffentlichen Lehrstunden. Sollte dies wenige Arbeit erscheinen, so müssen wir hier auf eine andere Stelle verweisen, wo von dem Umgange der Lehrer mit den Schülern, oder von dem Erziehungsmittel der Schulen die Rede sein wird, und wir fürchten, daß wir noch immer eher zu große als zu geringe Ansprüche an die Thätigkeit der Lehrer gemacht haben werden.

Die höhere Bürgerschule bedarf außer dem Lehrer im Zeichnen mit 12 Stunden, welcher zugleich auch am Gymnasium und an der allgemeinen Landesschule in den beiden ersten Klassen beschäftigt werden kann, noch eines Rectors und 4 Lehrer. Der Rector giebt 8 Lehrstunden, 2 von den Lehrern geben jeder 14 und von den beiden andern jeder 18 Lehrstunden. Der Rector muß städtischer Schulrath sein, die Aufsicht über die allgemeine Landesschulen und Elementarschulen führen und Sitz und Stimme im Magistrate der Stadt haben. So nur kann Einheit im ganzen Schulwesen einer Stadt erhalten, und das wahre Bedürfniß aller Schulen erwogen und nach Maaßgabe der Mittel berücksichtigt werden. Ohne diese Einrichtung wird die städtische Behörde nie recht eigentlich von dem Bedürfnisse der Schulen etwas wissen, wird nie im Stande sein, die allerhand erhobenen Anklagen und Verdächtigungen gehörig zu würdigen, wird nie seine Gelder auf dem rechten Flecke verwenden, kutz wird immer im Finstern tappen. Warum aber die Lehrer der höhern Bürgerschule weniger Stunden geben sollen als die an den Gymnasien, das liegt eines Theils in dem schwierigern Unterrichtsgegenstande, den sie zu behandeln haben, in der weitläufstigen Vorbereitung dazu, und in der erschwertern Fortschreitung in demselben; andern Theils aber sollen sie auch noch in den Abendstunden die Collegia lesen zur Ersetzung der speziellen Berufsschulen.

Die allgemeine Landesschule muß allerdings etwas höher gestellt werden, als bis hieher die sogenannten Städtischen Bürger- oder Volksschulen gestanden haben. Es müßten an ihr, außer einem Director, der zugleich, der Director der damit verbundenen Elementarschule wäre noch ein fest angestellter studirter Lehrer, und ein studirter Hülfslehrer (Collaborator) sein. Die übrigen Lehrer müssen die in den Küsterseminarien gebildeten Leute sein, wobei man indeß für diese Lehrstellen an den allgemeinen Landesschulen die Bedingung machen dürfte, daß diejenigen, welche diese Stellen verwalten wollten, vor ihrem Eintritte ins Seminar eine höhere Lehranstalt — entweder das Gymnasium oder die höhere Bürgerschule — durchgemacht haben müßten. In der gedachten Hülfslehrerstelle, deren man unter Umständen auch mehre haben könnte, müßten die künftigen Lehrer der höhern Anstalten ihre pädagogische Ausbildung und ihre genaue Bekanntschaft mit dieser Schule sich erwerben.

Museen und Bibliothek einer solchen mittlern Stadt, von der hier die Rede ist, müßten ein gemeinschaftliches öffentliches Institut sein, wobei einige Lehrzimmer und ein Auditorium sich befänden. Alle Bibliotheken müßten, wie alle isolirten Cabinette von Naturalien, in einem großen Gebäude zusammengehalten werden, wodurch die Brauchbarkeit und der Nutzen und selbst auch bei verständiger Verwaltung ein bei weitem geringerer Kostenaufwand erzielt werden würde. Die Unterrichtsstunden in der Naturgeschichte, sowohl von Seiten des Gymnasiums als auch von Seiten der höhern Bürgerschule, müßten im Museo gehalten werden, um zu einem verständigen Gebrauch dieser kostbaren Schätze Anleitung geben zu können. An der Bibliothek müßten zwei, und am Museo gleichfalls ein Aufseher angestellt werden, welche den Gebrauch beider Sammlungen in jedem Augenblicke möglich machten. Möchte dieser Gedanke Beherzigung finden, um doch beide Sammlungen endlich dem Vorwurfe von todten Kapitalien zu entziehen, und namentlich um eine öffentliche Bibliothek doch auch als eine Sammlung von Büchern ansehen zu können, welche den Lehrern bei ihrem Studium ein Ersparniß gewährt. Es ist hier nicht der Ort, den Gedanken weiter auszuspinnen und nach allen Seiten hin zu beleuchten; er ist aber für mittlere Städte von großer Bedeutung. Möchte er Anklang finden.

Anhang.

Ein Vorschlag, wie eine solche Schuleinrichtung nach und nach eingeführt werden könnte.

Zunächst werde noch einmal hier wiederholt, daß jede plötzliche Abänderung als eine revolutionäre durchaus unstatthaft ist. Eine solche Umgestaltung des Schulorganismus muß erst nach und nach und langsam verbreitet und eingeleitet werden. Giebt es keinen Weg, dieselbige allmählig ins Leben treten zu lassen, so kann sie nicht eher eingeführt werden, als bis sie endlich gewaltsam gefordert wird, denn Revolutionen ohne Noth sind viel schädlicher als andere, welche das Geforderte als schon bewilligt vorfinden. Natürlich ist hier nicht an Staatsumwälzungen zu denken, sondern an dringliche Forderungen des Bürger- wie des Gelehrtenstandes. Ehe diese Schuleinrichtung aber ins Leben treten kann, muß erst dafür gesorgt werden, daß die heutige Volksschule in den Städten die oben angegebne Erweiterung zu einer Landesschule gewinnt, und dann muß möglichst dafür gesorgt werden, daß alle Kinder jeglichen Standes, welche etwa eine höhere Ausbildung suchen dürften, in solchen allgemeinen Landesschulen ihre Vorbildung gewönnen, d. h. daß nach Möglichkeit die Privatschulen aufhörten, oder sich durchaus nach diesem Typus organisirten, wie sie sich ja jetzt immer nach dem Musterschnitt der Gymnasien gestalten. Hiegegen wird sich nun leicht das Bedenken erheben, daß nimmermehr die Eltern der höhern Stände ihre Kinder in die vollgestopften Schulen schicken werden. Das Bedenken, sie mit rohen, hart erzogenen und harte Zucht bedingenden, unkindlichen und verdorbenen Knaben zusammen zu bringen, verdient durchaus auch eine große Berücksichtigung. Doch haben die Privatschulen ein Hülfsmittel dagegen kennen gelehrt, was gewiß ausreicht. Man errichte nur in einer Stadt öffentliche allgemeine Landesschulen ganz nach dem Zuschnitte der übrigen, und fordere von jedem Kinde monatlich zwei bis drei Thaler Schulgeld, und mache dabei die Bedingung, daß die Anzahl der Schüler in keiner Klasse größer als 24 bis 30 betragen solle, und errichte dieser Schulen so viele, als das Bedürfniß erheischt, und man darf sich versichert halten, daß sich nur die Kinder der gebildeten Eltern dort zusammenfinden, und alle Eltern lieber ihre Kinder in solche öffentlichen als in Privatschulen schicken werden. Die Errichtung einer solcheu Schule wird einer Commune weuig kosten, wenn sie sich zur Hergabe von Wohnung für die Lehrer und Local für die Schule und Heizung verstehen will. Wenn nämlich in jeder Klasse etwa 24 Schüler sind und jedes Kind monatlich 2½ Thlr. Schulgeld bezahlt, so beträgt das jährliche Schulgeld 2160 Thlr., von welcher Summe die Besoldung der Lehrer ziemlich bestritten werden kann. Mit dieser Einrichtung und Erhöhung der Volksschule muß nun zugleich ausgemittelt werden, wie groß das Bedürfniß nach einer höhern Bürgerschule in einer Stadt sei, denn dies ist meistentheils ein eingebildetes, und selist es so groß, als man sich dies vorstellt. Dies Bedürfniß wird man allein dadurch ermitteln können, daß man von der Quarta des Gymnasiums ab aufwärts noch zwei bis drei Parallelklassen eröffnet zur Aufnahme solcher nicht studirenden, aber eine höhere Ausbildung suchenden Schüler. Diese 3 Klassen werden nun gleich nach dem Plane der höhern Bürgerschule organisirt, nur werden natürlich einige Lectionen eintreten müssen, welche die Lücken ausfüllen, welche das Gymnasium gelassen hat, und aus Mangel an Zeit lassen mußte. Damit diese Lücken aber geringer werden, muß das Gymnasium auch die Hand zur Verwirklichung dieses Schulplanes bieten. Es vermindert die Menge der lateinischen Stunden in den beiden untern Klassen auf 4 wöchentliche Stunden uud benußt die dadurch gewonnene Zeit und Kraft für diejenigen Gegenstände, welche in der allgemeinen Landesschule als die zu absolvirenden betrachtet sind, und auf welche sich die weitere Fortschreitung basirt. Hiedurch wird es möglich werden zu prüfen, in wie weit die hier gethanen Vorschläge ausführbar sind. Wenn man nämlich inne wird, daß auch so noch das Gymnasium sein Ziel erreicht, wenn man nun erst den lateinischen Unterricht in der Quarta mit vermehrter Stundenzahl beginnt und in den beiden untern Klassen erst andere Dinge abschließt, dagegen das Griechische erst in Tertia beginnt, so würde man darin einen annähernden Beweis dafür haben, daß der hier vorgeschlagene Organismus vollkommen ausführbar sein düfte. Sollte sich dagegen hiebei ergeben, daß die Gymnasien ihr Ziel nicht erreichten, so wäre alles noch so, daß man auf der Stelle zu der alten Einrichtung zurückkehrte. Es ist ja nichts weiter im Gymnasium geändert als, daß man das Griechische eine Klasse später beginnt, und daß man in Sexta und Quinta erst Dinge vor dem Lateinischen abmacht, die jetzt daneben gelehrt, aber leider meist nicht gelernt werden. Damit nun aber die allgemeine Landesschule ihre Primaner unmittelbar in die Quarta des Gymnasiums entlassen könnte, müßte nun in ihr auch die Veranstaltung getroffen werden, daß diejenigen Schüler, welche das Gymnasium durchzumachen beabsichtigten, Gelegenheit erhielten, das Latein so weit etwa erlernen zu können, als es nun in den 4 Stunden im Gymnasio in den beiden untern Klassen gelehrt würde. Dazu müßten entweder in den beiden ersten Klassen der allgemeinen Landesschule auch wöchentlich 4 Nebenstunden angesetzt werden, oder was noch zweckmäßiger wäre, es müßte in der ersten Klasse ein Unterricht von 6 Stunden angelegt werden, in welchen Stunden sie von einigen Zeichnenstunden entbunden werden dürften. Diejenigen Schüler der allgem.

Landesschule aber, welche nur die höhere Ausbildung für den bürgerlichen Stand suchen wollten, könnten vom Latein entbunden bleiben; aber als abgegangene Primaner der vollständig organisirten allgemeinen Landesschule erhielten sie die Berechtigung, in die unterste Klasse der höhern Bürgerschule, also in die neben Quarta stehende Parallel-Klasse aufgenommen zu werden. Damit aber nicht blos eine äußere Gleichstellung der allgemeinen Landesschule mit den beiden untern Klassen der Gymnasien vorhanden sei, sodern eine viel wesentlichere, nämlich eine innere; damit man in allen den vereinzelten Anstalten, welche in den Gymnasien gleichsam ihre Schüler zusammenwerfen und unter einen Hut gebracht wissen wollen, auch eine Einheit der Begriffsentwicklung und der Gesammtbildung erreiche; damit denn auch der eine Hut auf alle Köpfe passe, und die Gymnasien wüßten, wie dieser Hut zuzuschneiden und aufzusetzen sei, so ist wesentlich nothwendig, daß die Rectoren der allgemeinen Landesschulen und die Lehrer an den untern Klassen der Gymnasien nebst dem Director des Gymnasiums in geordneten Conferenzen sich über Lehrbücher, Lehrmittel, Lehrmethode u. s. w. gehörig berathen und verständigen. Die eine Schule muß dasselbe auf dieselbe Weise wie die andere treiben, und eine anerkannte Verbesserung der Methodik muß nicht von einem einzelnen Lehrer angenommen, sondern von allen aufgenommen werden. Die Willkühr, welche oft blos in Kleinlichkeiten zum großen Schaden der lernenden Jugend in der Methodik geübt wird muß nun um so mehr wegfallen, je schädlicher sie bei dieser Trennung der Anstalten wirken würde. Hiebei würde man denn natürlich gleich in Erfahrung bringen, ob es — wie doch hier verlangt wird — möglich wird, daß allgemeine Landesschulen einer und derselben Stadt eine Einheit des Unterrichtes gewinnen können. Diese Conferenzen werden aber nicht blos für die Zeit dieses Interregnums, sondern unter den Directoren der Anstalten auf für die Zukunft statt finden müssen, um dadurch stets eine Einheit in der innern Entwicklung aller der einzelnen Anstalten zu erhalten, und die Directoren der höhern Bürgerschule und des Gymnasiums sters in Bekanntschaft zu erhalten mit dem Wege und dem erreichten Ziele der allgemeinen Landesschulen. Denn nur dann, wenn sie dieses genau wissen, ist es ja möglich, in ihren Anstalten da anzufangen, wo jene aufhören, und ohne dieses helfen alle Institutionen zu nichts. Wenn sich nun in einem Zeitraume von mehren Jahren ergeben sollte, daß eine höhere Bürgerschule nicht blos für eine bestimmte Stadt ein eingebildetes, sondern ein nothwendiges Bedürfniß sei, so müßte dann nach und nach an eine Trennung vom Gymnasium gedacht werden. Um aber diese Trennung vorzubereiten und für die Zukunft möglich und leicht ausführbar zu machen, müßte man gleich beim Anlegen der Parallelklassen in einem Gymnasium die Veranstaltung treffen, daß ein Lehrer des Gymnasiums als Director der Parallelklassen angeordnet und bestellt würde, wodurch man sich der Furcht, als könne das Gymnasium die Anstalt gar zu stiefmütterlich behandeln, überhoben sehen dürfte. Dieser Rector müßte die ganze innere Leitung dieser Parallelklassen unter Händen haben, müßte Cursen bestimmen, Versetzungen leiten, Rezeptionen vornehmen und verweigern, die Disciplin im Kleinen handhaben und dirigiren; dagegen die Leitung der Anstalt im Großen bliebe dem Director des Gymnasiums. Jener Vorsteher der Parallelklassen wäre gleichsam ein Ordinarius über drei Klassen, nur mit etwas ausgedehnterer Vollmacht. So nur kann die Nebenanstalt eine Sicherung nach Innen und Außen gewinnen, und es verstände sich von selbst, daß man dem so bestellten Nebenrector auch die Möglichkeit seiner Pflichterfüllung im ganzen Sinne des Wortes herstellen müßte. Dann müßte bei eingetretnen Vakanzen im Lehrer-Collegio zunächst das Bedürfniß der Parallelklassen so lange und so weit berücksichtigt werden, als etwa die beiden untern Klassen des Gymnasiums Lehrkräfte erfordern, indem bei der vollführten Organisation der Schulen und bei der damit nöthigen Trennung des Gymnasiums und der höhern Bürgerschule die beiden untern Klassen wegfallen, und die Lehrer mit zur höhern Bürgerschule hinübergehen könnten. Hiebei wäre dann noch der Vortheil, daß sie sich nach und nach Lehrer zugezogen hätte, welche im Zusammenwirken mit den Gymnasiallehrern ihre pädagogische Ausbildung gewonnen haben würden. Es müßte dann ferner dahin auch äußerlich gesorgt werden, daß diese Anstalten einen Raum finden könnten bei der künftigen Sonderung. Kurz man müßte gleich bei der Einrichtung dieser Parallelklassen die Zukunft im

Auge haben. Diese höhere Bürgerschule müßte die Zeit, wo sie gleich als Embryo im Schooße des Gymnasiums anwüchse, benutzen, um zu einem eignen Leben heranzuwachsen und zu erstarken. Dem gemäß wären natürlich zunächst jährliche Zuschüsse zu den Summen zu bewilligen, welche bis jetzt zur Erwerbung eines physikalischen chemischen und naturhistorischen Apparates verwendt sind, und zwar müßte die Summe so ansehnlich sein, daß in einem Zeitraume von 8 bis 10 Jahren die höhere Bürgerschule einen eignen physikalischen und einen chemischen Apparat für sich gewonnen hätte, daß die mathematische und naturhistorische Bibliothek eine genügende Vollständigkeit für den Schulunterricht erreicht hätte, und daß die naturhistorischen Museen, zum Unterrichte brauchbar geworden wären. Dazu würden etwa jährlich 600 Thlr. zu bewilligen sein, von welcher Summe ein Theil durchaus so verwandt werden müßte, daß die höhere Bürgerschule sich davon in diesem Zeitraume einen chemischen und physikalischen Apparat gewönne, denn ein solcher kann doch nun und nimmermehr von zwei Anstalten, welche getrennt sind, zugleich benutzt werden. Rechnet man nun auf die Erwerbung dieses Apparates jährlich 200 Thlr., so blieben zur Erweiterung der mathematisch und physikalischen und naturhistorischen Bibliothek auch etwa 250 Thlr. und zur Anschaffung und Erweiterung der Museen 150 Thlr. jährlich. So würde denn in einem Zeitraum von 10 Jahren der Apparat zwar noch nicht eben bedeutend sein; aber es wäre doch ein Anfang gemacht, und man hätte doch nicht die gemeinhin viel zu klein angeschlagene Summe mit einem Male auszugeben. Schon im Obigen ist angedeutet, wie die Bibliotheken, wenn sie den ihren Kosten gemäßen Nutzen gewähren sollen, angelegt werden sollten, und dem gemäß könnte die Bibliothek beim Gymnasium bleiben für den Fall der Trennung, aber mit ganz freier Benutzung der höhern Bürgerschule; dagegen gingen die Museen mit hinüber zu dieser, müßten aber auch wieder so angelegt sein, daß den Gymnasien ein freier, ungehemmter und für die höhere Bürgerschule nicht störender Zugang und Gebrauch möglich bliebe. Die Lehrer der Mathematik, Physik und Naturgeschichte an beiden Anstalten beriethen sich gemeinschaftlich über das, was angeschafft werden sollte, und ließen das sonstige Geschäft des Bibliothekars unter sich wechseln.

FSC
www.fsc.org
MIX
Papier | Fördert gute Waldnutzung
FSC® C083411

Kolibri 360 GmbH
Ferdinand-Jühlke-Straße 7
99095 Erfurt, Deutschland
produktsicherheit@kolibri360.de